自媒体言论表达与规制

ZIMEITI YANLUN BIAODA YU GUIZHI

向长艳 著

河南大学出版社

·郑州·

图书在版编目（CIP）数据

自媒体言论表达与规制／向长艳著．—郑州：河南大学出版社，2020.8

ISBN 978-7-5649-4441-4

Ⅰ．①自… Ⅱ．①向… Ⅲ．①传播媒介－舆论－研究－中国 Ⅳ．①G219.2

中国版本图书馆CIP数据核字（2020）第161820号

责任编辑	韩 琳
责任校对	任湘蕊
封面设计	翟淼淼

出版发行	河南大学出版社
	地址：郑州市郑东新区商务外环中华大厦2401号
	邮编：450046
	电话：0371-86059701（营销部）
	网址：hupress.henu.edu.cn
排　　版	河南大学出版社设计排版部
印　　刷	河南新华印刷集团有限公司
版　　次	2020年9月第1版 印　次 2020年9月第1次印刷
开　　本	710 mm×1000 mm 1/16 印　张 12.75
字　　数	202千字 定　价 45.00元

（本书如有印装质量问题，请与河南大学出版社营销部联系调换。）

序

  2019年4月20日，是中国互联网全功能接入国际互联网25周年的纪念日。在这25年间，中国互联网经历了波澜壮阔的变化。近几年，互联网已经完成了从PC（personal computer，个人计算机）互联网到移动互联网的飞跃。在互联网日新月异的发展中，新的传播形式不断涌现。蜂拥而来的自媒体形式不仅逐渐改变了人们的生活方式，也在不断向政治、经济、文化等社会各个领域渗透。任何事物都是一体两面的，网络空间亦不例外。互联网的发展是一把双刃剑，在市场交易、社会交往、政务活动、个人权利等方面都有积极的推动作用，但与之相伴而生的，是网络谣言、网络犯罪、网络侵权等现象的不断发生。网络空间的乱序已是世界各国不得不注意的问题，网络空间的治理也成为世界各国注重网络安全的重要课题。在互联网的历史演进过程中，学术界也放眼其中，对其历史发展和社会贡献等做出学者们理性的分析和总结，其中，早期主要以技术视角和传媒视角的研究占多数。随着互联网技术的迅速发展，新兴的传播形态的涌现和网络空间安全越来越引起国家、政府和公众的忧虑，网络空间治理视角逐渐被重视。

  党的十八以来，以习近平同志为核心的党中央非常注重对网络空间的治理，并专门成立了中央网络安全和信息化领导小组。2014年2月27日，在中央网络安全和信息化领导小组第一次会议上，习主席强调，要"依法治理网络空间，维护公民合法权益"；2014年10月23日发布的《中共中央关于全面推进依法治国若干重大问题的决定》中指出，要"加强互联网领域立法，完善网络信息服务、网络安全保护、网络社会管理等方面的法律法规，依法规范网络行为"。这些纲领性文件成为推动我国网络空间法治治理的行动指南。可以说，党的十八大开启了我国网络治理的新篇章。同时，网络空间言论生态也受到党和国家领导人的深切关注。在2016年4月19日召开的网络安全和信息化工作座谈会上，习近平总书记深刻指出，"谁都不愿意生活在一个充斥着虚假、诈骗、攻击、谩骂、恐怖、色情、暴力的空间，互联网不是法外之地"[1]；在2018年4月21日的全国网络安全和信息化工作会议上，习近平再次强调，网络空间是亿万民众的精神家园，绝不能让互联网成为传播有害信息、造谣生事的平台。[2] 在中国，网络空间治理从最初的技术治理、产业治理再到内容治理，在尝试和更新中不断发展。网络空间内容治理中，网络言论问题是其重要方面。网络赋予了人们更为广阔的言论自由表达空间，同时也为网络言论失范行为埋下了一定的隐患。随着网络社会的全面开启，社会深层变革已然发生，网络空间的治理必然要跟社会治理同时进行，不断融合，甚至越来越重叠为同一层面的事情。网络空间言论治理必须转变治理理念，让党委、政府、企业、社会、网民各大主体都参与其中，形成各司其职、多层次联动的综合治理体系。[3]

具体而言，涉及自媒体表达自由的网络规制，一方面，对此我国目前的立法还不是很完善，虽然从宪法到普通法律、法规、规章等都有不同层次的规定，但总体上，自媒体言论规制的基础法律还相对薄弱，相关法律条文大都散见于各个部门法之中，缺乏系统、科学、有效的体系；另一方面，网络是随技术的发展而不断发展的，一直处于不断更迭的阶段，而法律规范一般都存在滞后性，对已有的法律法规也需要及时完善和补充。同时，网络成为人们的生活方式，参与其中的主体素质参差不齐，法律规范只是起到作为一种制度所能起到的引导、教育、威慑乃至惩罚作用，网络秩序的发展还需要参与其中的网民的道德自律和素质的提高。因此，自媒体言论的规制应采取法律规制为主导、行业自律为辅助，从单一走向复合，以分权合作的思维进路，构建政府、行业协会及网络服务提供商和公民相互配合、相互协作、权利与义务对等的治理机制。

本书主要研究内容如下。第一，通过中国互联网络信息中心、人民网

---

[1] 习近平：《习近平谈治国理政》（第二卷），外文出版社，2017，第336页。
[2] 习近平：《习近平谈治国理政》（第三卷），外文出版社，2020，第306页。
[3] 方兴东、陈帅：《中国互联网25年》，《现代传播》2019年第4期。

舆情检测室等发布的权威报告，总结出目前自媒体已经成为国民第一信息源，是国民了解信息和发表意见的主要渠道。自媒体传播的即时、快速、开放等特征，激发了公众对公权力行使过程的监督热情，从而成为预防、遏制腐败行为的新方式。第二，通过自媒体意见表达的特征分析其所内含的法治意蕴。自媒体意见表达搭建了公众、社会组织与政府三大社会主体之间的互动桥梁，这是民主法治的引擎，是培育法治社会的关键。但自媒体意见表达是一把双刃剑，要想发挥其所具有的促进法治社会建设功能，还需要对其失范现象进行规制和引导。第三，选取自媒体侵权典型案例，分析自媒体意见表达与私权利冲突以及公权力对自媒体意见表达的限制问题。第四，讨论自媒体意见表达的规制问题。一方面要利用法律规范的惩戒、威慑作用，另一方面也要利用行业自律规制的引导、教育、示范作用。

需要说明的是，本书内容实际上分为两大部分，一是自媒体意见表达的现状与理论分析，二是自媒体意见表达的法律规制。在实证分析部分，本书所选取的案例属于不同地区、不同法院、不同时间的判决，存在一定的复杂性，在对该判例信息的收集与整理归类上不够系统，以及网络言论自由在相当一段时间内处于无法可依的状态，由此导致同案不同判的情况发生。比如，在对待公众人物的问题上，不同地区、不同时间、不同法官的判决不同，甚至会出现价值取向相左的情况，笔者对这些材料的分析和探讨还不够深入和系统。另外，为了避免涉及范围过宽，在理论分析部分避免了对网络空间言论自由相关问题的探讨，而是更宽泛地使用意见表达概念。同时，本书着重于对自媒体意见表达的法律规制的探讨，而对自媒体侵权的归责体系以及救济机制的思考不足。"无救济则无权利。"这条古老谚语表明，网络言论自由的归责体系以及救济机制是否建立，是这项基本权利能否实现的关键。网络空间已经成为人们生活须臾不可离开的第二空间，言论自由更是人之作为人的尊严的体现，因此对网络空间言论自由的研究将是学者的应尽之责，也是笔者日后会持续跟进的研究课题。

是为序。

目 录

第一章 自媒体与自媒体言论表达 … 001

第一节 自媒体 … 001
一、自媒体概念溯源 … 001
二、自媒体与新媒体 … 003
三、自媒体的主要形式 … 005
四、自媒体的传播特征 … 007

第二节 自媒体言论表达 … 009
一、从言论自由到表达自由：一个历史的视角 … 010
二、国内学者对表达自由的定义 … 012
三、自媒体表达自由：言论自由在网络空间的延伸 … 015

第二章 自媒体言论表达之功能 … 018
一、推动法治政府建设 … 019
二、助推公民权利监督 … 024
三、促进文化多样性发展 … 028
四、弘扬网络民主 … 032
五、推动媒体权力消解 … 037
六、加速社会治理转型 … 042

第三章　自媒体言论表达的双重性 …… 045

第一节　自媒体言论表达积极面相 …… 045
一、自媒体成为国民获取信息的重要渠道 …… 046
二、政务自媒体成为政府沟通民意的桥梁 …… 051
三、自媒体舆论成为公民行使监督权的新方式 …… 056

第二节　自媒体言论表达消极面相 …… 057
一、虚假性表达 …… 058
二、情绪性表达 …… 060
三、低俗性表达 …… 062
四、暴力表达 …… 062

第三节　自媒体言论表达乱象的原因分析 …… 063
二、网络民粹主义影响 …… 065
三、网络空间公共性不足 …… 066
四、被现实社会情绪绑架 …… 067
五、相关立法的空白导致网络监管缺位 …… 068

第四章　自媒体言论规制之正当性分析 …… 070

第一节　规制之必然：自媒体言论侵权的实证分析 …… 070
一、公域和私域中的自媒体侵权案例 …… 070
二、自媒体侵权的相关问题 …… 075
三、自媒体侵权态势严重 …… 077

第二节　规制之应然：自媒体言论规制理论分析 …… 079
一、规制之理论基础 …… 080
二、传媒与规制：传统传播时代与自媒体时代之比较 …… 083
三、自媒体言论表达的权利边界 …… 086
四、自媒体言论规制的思路 …… 095

第三节 自媒体言论规制之实然 ……………………………………… 096
  一、目前自媒体言论规制困境 ……………………………………… 096
  二、我国政府自媒体言论规制的实际做法及存在的问题 ……… 100

第五章 自媒体言论的公法规制 103

第一节 自媒体言论表达的宪法保障与规制 ……………………… 103
  一、我国宪法框架下的言论自由 …………………………………… 104
  二、我国宪法对表达自由的概括性规定 …………………………… 105
  三、宪法限制表达自由的界限 ……………………………………… 107

第二节 自媒体言论自由的行政规制 ……………………………… 110
  一、区分不同言论内容 ……………………………………………… 111
  二、区分不同表达主体 ……………………………………………… 116
  三、区分不同表达环节 ……………………………………………… 120

第三节 自媒体言论表达的刑法规制 ……………………………… 126
  一、网络煽动型言论犯罪 …………………………………………… 127
  二、网络诽谤型言论犯罪 …………………………………………… 131
  三、网络谣言型言论犯罪 …………………………………………… 136

第六章 自媒体言论表达的司法引导 146

第一节 自媒体时代传媒与司法的关系 …………………………… 147
  一、传媒与司法关系的域外考察 …………………………………… 147
  二、自媒体对司法活动的影响 ……………………………………… 150
  三、自媒体失范型司法活动参与 …………………………………… 154

第二节 司法活动对自媒体言论的引导与回应 …………………… 157
  一、司法机关应对自媒体的基本策略 ……………………………… 157
  二、失范型自媒体司法参与的引导与规制 ………………………… 159

第七章　自媒体言论的行业自律 …… 173

　　一、建立网民自律约束机制——第一道防线 …… 174

　　二、建立网络运营者自律机制——第二道防线 …… 177

　　三、建立行业组织管理机制——第三道防线 …… 180

　　四、健全政府间接管控机制——第四道防线 …… 182

后　　记 …… 184

参考文献 …… 186

第一章 自媒体与自媒体言论表达

第一节 自媒体

一、自媒体概念溯源

"自媒体"(We Media)这一概念源自美国。2001年,美国《圣何塞水星报》的科技专栏作家丹·吉尔默提出了"新闻媒体3.0"的概念。他指出了新闻媒体演进的路径:"新闻媒体1.0",是指大家所熟知的报纸、杂志、电视等传统媒体。"新闻媒体2.0",是指以互联网的出现为前提,以传播技术的更新和升级、传播途径的巨大变化为基础而产生的新兴媒体。其特征仍然是点对面的传播,仍然是专业新闻机构主动发布信息、受众被动接收信息,只是获取信息的途径发生了变化。"新闻媒体3.0",是指点对点的传播方式,加上分享与链接这样的功能,形成了如博客等传播工具,使受众不再仅仅是被动地、单一地接收信息,而是主动地成为信息的传播者。2002年,丹·吉尔默用"We Media"代替了"新闻媒体3.0"概念。"We Media",便是翻译成中文的"自媒体"。2003年,美国新闻学会媒体中心发布了谢因·鲍曼和克里斯·威利斯的名为"We Media"的线上研究报告,其中对自媒体作出了定义:"自媒体是普通大众经由数字科技强化、与全球知识体系相连之后,一种开始理解普通大众如何提供与分享他们自身的事实、新闻的途径。"普通大众是这个定义的主语、动作发出者,这是自媒体区别于传统媒体的典型特征。随后,自媒体这一概念逐渐深入人心。

2004年，丹·吉尔默又出版了一本研究草根媒体的著作——*We the media: grassroots journalism by the people，for the people*。2005年，此书在我国台湾地区出版，书名翻译为《草根媒体——部落格传奇》，由此也带来自媒体和草根媒体概念上的混同。但二者是有区别的。*We the media: grassroots journalism by the people，for the people* 一书中 grassroots 一词有草根之意，也有基层之意，因此 we the media 翻译成中文"草根媒体"，也无可厚非。但作为"We Media"概念的创始人，丹·吉尔默在谢因·鲍曼和克里斯·威利斯的名为"We Media"的线上研究报告的序言中，将民主党总统候选人霍华德·迪安作为博客成功的一个例证，显然霍华德·迪安是不属于 we the media 范畴的。因此可知，自媒体应该是草根媒体的上位概念，也即自媒体是包含草根媒体的。这可算是二者之间的典型区别。

在国内学界，学者们关于自媒体概念的论述大都是对谢因·鲍曼和克里斯·威利斯关于自媒体定义的延伸。如"'自媒体'也称个人媒体，是私人化、平民化、普泛化、自主化的传播者，以现代化、电子化的手段，向不特定的大多数或者特定的单个人传递规范性及非规范性信息的新媒体的总称"[1]；"自媒体（we media），是指传播者通过互联网这一信息技术平台，以点对点或点对面的形式，将自主采集或把关过滤的内容传递给他人的个性化传播渠道，又称个人媒体或私媒体"[2]；"自媒体的本质：信息共享的即时交互平台"[3]；自媒体是"利用以博客为代表的网络新技术……进行自主信息发布的那些个体传播主体"[4]；等等，可谓众说纷纭。结合自媒体以互联网新技术为基础、与传统媒体相区别、反映新媒体的现象等特点，我们将自媒体定义为，以数字技术为基础，以互联网络为载体，实现传播者之间适时、互动、个性化信息传递的传播媒介。简言之，自媒体即为公民用来发布自己所见、所闻事件的载体，主要包括微博、微信、网络视频、新闻类 App 等，是一种按照个性化去推荐或分发信息的模式，是一种生产内

---

[1] 罗佳：《论自媒体时代政府话语权的危机与变革》，《求实》2012年第7期。
[2] 申金霞：《自媒体的信息传播特点探析》，《今传媒》2012年第9期。
[3] 代玉梅：《自媒体的传播学解读》，《新闻与传播研究》2011年第5期。
[4] 张彬：《对"自媒体"的概念界定及思考》，《今传媒》2008年第8期。

容和传播内容同时进行的新兴媒介。

二、自媒体与新媒体

关于对自媒体的引述，国内学界大都是在经由新媒体的介绍之后引入，都或多或少带着新媒体概念的影子，或者直接将二者等同。如"新媒体是一个相对的概念，是对出现于传统媒体之后的各类电子媒体和网络媒体的统称，主要指在传统媒体的基础上结合当前先进的科学技术，实时地、交互地承载和传递各种个性化、多媒化复合信息的中介"[1]，该定义就把新媒体和自媒体完全等同。再如艾瑞调查发布的《2016年中国网络新媒体用户研究报告》中认为"新媒体相对于报刊、户外、广播、电视四大传统媒体，是新的技术支撑体系下出现的媒体形态，如数字杂志、数字报纸、数字广播、手机短信、移动电视、网络、桌面视窗、数字电视、数字电影、触摸媒体、手机网络等"，该列举式定义同样囊括了新媒体和自媒体。可见，自媒体自产生以来，其概念便与"新媒体"概念混淆使用已是一个不争的事实，以致有学者将其称为"一个混乱的概念"[2]。实际上，自媒体与新媒体是有所区别的。

新媒体概念自19世纪六七十年代在美国产生以来得到广泛使用。1967年，美国哥伦比亚广播电视网技术研究所所长戈尔德马克发表了一份关于开发电子录像商品的计划书。他在该计划书中将"电子录像"称作"new media"，由此新媒体概念诞生。1969年，美国传播政策总统特别委员会主席罗斯托在向尼克松总统提交的报告书中多次使用"new media"一词，随后，新媒体一词在美国广泛流传。[3] 在国内，关于新媒体的定义也是不一而足。新媒体最早被直接定义为网络媒体，或者是"以数字技术为基础，以网络为载体进行信息传播的媒介"[4]。随着网络技术的发展，新媒体的特征逐渐

---

[1] 刑长敏：《论新媒体定义的重构》，《新闻爱好者》2009年第20期。
[2] 匡文波：《"新媒体"概念辨析》，《国际新闻界》2008年第6期。
[3] 匡文波：《新媒体舆论：模型、实证、热点及展望》，中国人民大学出版社，2014，第3页。
[4] 陶丹、张浩达：《新媒介与网络广告》，科学出版社，2001，第3页。

被人们认识。在学界，新媒体大致是指，继报刊、广播、电视等传统媒体（或称为旧媒体）之后，在信息化时代，借助数字技术、网络技术等高科技成果所形成的新的传播手段和传播形式。对新媒体的研究，随着互联网的普及以及由此带来的网络空间的一些问题而逐渐成为显学，从传播学视角、政府治理视角、法律规制视角等各个角度展开的研究成果日渐丰富。

笔者认为，仅从概念而言，新媒体主要是相较于传统媒体而言的新兴媒体形态，是随着传播技术的革新和发展而发展变化的，比如，互联网产生以后，网络被称为新媒体，手机产生以后，手机被称为新媒体，新媒体之"新"是一个扩展概念，是泛称而不是特指。其"新"，从人类传播史的角度而言应是一个时代范畴，特指"今日之新"，而非"昨日之新"或"明日之新"。[1]因此，笔者将新媒体定义为相对于旧媒体的、依托新技术发展的媒体总和。

新媒体和旧媒体可从三个维度进行比较和分析：一是时间维度上，相对于报纸、书刊等传统媒体而言的电子、广播、电视等属于新媒体，乃至当下的微博、微信、网络视频等都是新的时代发展出的新媒体；二是技术维度上，新媒体是依托数字技术、互联网技术、移动通信技术等新的信息传播技术而发展起来的媒介；三是互动维度上，新媒体的发展过程也是公民不断掌握信息的传播权和主动权的过程，是其不断弥补传统媒体在信息反馈问题上的缺陷，并逐渐达到"所有人对所有人的传播"的过程。从这个角度上讲，自媒体（we media）也是新媒体（new media），因为二者都是基于新的传播技术的发展而形成的，都是建立在与传统媒体相比较的基础上的。可以说，自媒体概念的发展是与网络媒体、新媒体一脉相承的，都是随着新的传播技术的发展而在新的文化语境中有所更新的定义。如果说网络媒体是在Web 1.0阶段基于互联网的普及而产生的概念，新媒体是在Web 2.0阶段基于门户网站的建立和互动式传播技术的开发而产生的概念，那么，自媒体便是在Web 3.0阶段基于即时网络、手机网络平台、微博、微信普遍被使用而产生的概念。因此，自媒体作为一种技术是不断发展的，随着技术的发展及其新特征的出现，其依附于概念表述上的特征也

---

[1] 匡文波：《新媒体舆论：模型、实证、热点及展望》，中国人民大学出版社，2014，序言。

在不断变化。如在 1995 年至 2003 年（即 Web 1.0 阶段）互联网开始普及期间，网络媒体这一概念得到广泛认同；在 2003 年至 2009 年（即 Web 2.0 阶段）期间，互联网开始分化，以门户为主导的单向传播方式被打破，互动式传播在技术上得以实现，新媒体概念开始被公众接受；2009 年以后（即 Web 3.0 阶段），随着即时网络、以智能手机为主的移动互联网的出现，微博、微信用户大增，自媒体概念逐渐深入人心。

从以上分析可知，自媒体概念的演变历程，同时也是传播技术的发展带来的媒介概念的演变，也就是说，因传播技术的革新带来了传播方式的改进，进而影响了概念的创新。因此，自媒体与新媒体是一对相互联系并有所区别的概念，在某种场合，我们可以说自媒体是新媒体，但不能将新媒体完全等同于自媒体。

三、自媒体的主要形式

（1）博客。博客可以说是自媒体的早期形式。博客的起源并不是很久远的事情，它起源于 20 世纪 90 年代的可以更新可以互动可以连接的个人网站。个人网站是自媒体最早的雏形。个人网站可以说是与互联网同步发展的。个人网站就是一个简单的网站，它就像一个个人简历一样，可以向登录这个网站的人展示网站主人向外敞开的信息。但个人网站还不具备自媒体典型的"互动"功能，它只是突破了传统媒体传播形式下受众被动接受信息的方式，而变成主动搜寻、获取信息，只要登录者有目的地搜寻，就能获得他想要的信息。但是，因为它只能"留言"而不能"及时"地"互动"，所以，从这个意义上，个人网站并不能算真正的自媒体，按照前述关于自媒体与新媒体的概念辨析，它只能说是在时代背景下因技术发展而产生的新媒体。个人网站有很多限制和弊端，如需要注册域名、需要租用服务器、需要懂得相关软件和网页的制作技术等。这种由于技术尚未成熟而形成的门槛，对使用者的个人能力素质提出了相应要求。也正是由于这个原因，个人网站逐渐被博客所取代。博客具备了"互动"的基本特征，而这种可互动性，使其具备了自媒体传播的典型特征。博客经过博客主人"个人日志"的发表，吸引了一定量的具有相同的志趣、爱好、经历、想法、感受的人，并由互动而产生共鸣进而联结在一起，由此产生了一个小的相对稳定的虚拟社区。正是因为博客的这个功能，在21世纪初期，其曾经在新闻界表现出了卓越的新闻发布和新闻整合功能。比如，我们熟知的伊拉克战争、克林顿丑闻等都是由博客的传播而最终广为天下知的。中国的博客发展于2002年"博客中国"的成立。2002年被称为中国的博客元年。

（2）微博。从表面意思来看，微博有微博客之意，中国的"微博"也是从"microblog"翻译而来，"micro"即有"小"之意。微博的特征之一是微博主的每条微博发言不超过140字，虽然其篇幅内容比博客要短小，其功能却比博客要强大得多。微博与博客最大的区别是博客需要采取"主动式阅读"，即你如果想看一个博客，就得主动寻找它、登录它、点击它，并且以后每次要阅读都必须打开该博客界面；而微博是"被动接收制"，只要你关注某微博，那么它的动态、更新就被你一览无余。微博就像你生活的展示台，你可以向你的"粉丝"展示你每一分钟的动态、每一天的日程，你的思想、观点、感兴趣的领域等都可以展示其中。这种主动分享，使阅读者可以主动获取信息，改变了传统媒体的被动地位（博客虽然是主动阅读制，阅读者却是被动地接收信息；微博是被动接收制，阅读者却是主动地接收信息），实现了在信息分享上的强大功能。微博可以说是真正意义上的自媒体，具备了自媒体的实时、互动、开放、自主等特征。

（3）微信。微信是移动互联网发展起来之后的产物。微信由腾讯公司研发，是集手机短信、飞信、微博等百家之长的一个手机App，具备文字、图片、视频等各种信息传递功能。随着智能手机和无线网络的广泛应用，微信成为大量手机用户日常生活、工作的主要通信工具，甚至，微信还开辟了一条前所未有的自媒体模式下商业化服务营销之路，成为人们生活须臾不可缺少的重要工具。微信是一个双向交流和沟通的平台，其传达率为100%，在这个平台上，任何人都可以实时发布信息、接收信息，都可以拥有自己的粉丝群体，而且，微信对使用者没有技术、学历等身份限制，只要一部智能手机即可，所以微信使用群体已经扩展到大爷大妈等老年人群体。微信公众号的开发，让"圈""群"的建立更容易，相同兴趣、经历的人更容易聚集在一起。目前，微信除了最初的传播功能外，新的功能不断被开发出来，如微信支付功能，创建了新的金融支付手段。这是微信开放性体系功能的体现，同时也使自媒体传播模式迈上了一个新的台阶。

（4）论坛。论坛指 bulletin board system（简称BBS），即电子公告板，是以网络为媒体的交流平台，它为注册用户提供一块空白的电子版块，犹如现实生活中的宣传栏，用户通过在上面书写来发布信息或者评论他人信息。论坛交互性强，内容丰富、即时，用户不仅可以在论坛上获取需要的信息，同时也可以发布信息、参与讨论等。

（5）网络视频音频。网络视频音频是指通过手机或特定软件录制的随时上传网络的一种自媒体形式。网络视频不同于传统视频，既可以即时录制即时传播，也可以通过定时传播或付费传播的方式，再现当时的场景，让受众的感觉更客观、更真实，因此影响力巨大。

以上列举了几种自媒体的有关形式。随着传播技术的不断发展，相信在可以预见的将来，还会有其他形式的自媒体产生。目前，在我国现行法律框架下并没有明确的关于自媒体的规定，政府出台的监管规则或党和政府出台的一些文件中，对自媒体的称谓也是不分妯娌，有的称为"新媒体"，如《国务院办公厅关于推进政务新媒体健康有序发展的意见》（国办发〔2018〕123号）；有的称为"全媒体"，如2019年传媒监管工作会议上，新成立的中宣部监管局发布2019年传媒监管工作部署之一是"推动全媒体时代传媒监管手段创新……依法加强对新兴媒体的监管"。这种状况为自媒体的规制带来一定的障碍。因此自媒体相关的理论和实务问题，还有待学者们的深入研究和探讨，只有厘定概念，精准定位，才能为自媒体的规制提供理论支撑。

四、自媒体的传播特征

（1）私人自主性（个体性）。作为自媒体用户，人们对信息不仅有选择权，还有控制权，不仅可以选择接受自己感兴趣的信息，还可以发布自己认为重要的信息。专栏作家丹·吉尔默认为,博客代表着"新闻媒体3.0"，就是以博客为趋势的自媒体或者叫"个人媒体"[1]，这体现了自媒体是以个人传播为主的媒体，是利用网络新技术进行信息发布的那些个体传播主体，

---

[1] 方兴东：《博客：互联网第四块里程碑》，《电脑报》2002年10月7日，第A01版。

是区别于传统媒体的专业化、组织化、机构化特征，而集信息的创造、发布、传递于一身的个性化媒介。这种传播主体为"草根""平常人"出身的传播形式，让自媒体极具亲和力和个人风格，自媒体因此成为普通人展示自我的平台。其自主性不仅表现在个体可以自主地选择接受什么样的信息，也表现在个体可以自主地选择发布或传播什么样的信息。这种自主性改变了传统传播模式之下传者和受者之间的不平等关系，改变了传播媒体或者主流媒体在信息传播生态中的权威地位。

（2）即时互动性。自媒体传播无时间限制，只要拥有一部手机、一台电脑，便可随时创造内容，即时发布信息。自媒体不仅改变了传统信息传播方式下受众被动接受信息的局面，还提供了一个更广阔的信息交流平台，在这里网民不仅自己可以随时随地发布信息，还能及时得到广泛的关注和反馈，形成言论、思想的有效互动。因此，自媒体时代永远没有"一手"新闻，因为新闻总是在不断更新，人们随时随地地把自己的所想所见所闻所感传播到网上，同时，也可以在自己选定的时间节点来接受、阅读、再传播自己所获取的信息。在技术的便利条件之下，传者与受者之间的疆界趋于模糊，信息实现了"循环模式"传播，公众在任一节点都可以参与其中，发表自己的观点和看法。这种交互式传播，成为自媒体对传统媒体的革命性挑战。

（3）自由开放性。自媒体的一大特点就是全球信息共享。相对于传统媒体，自媒体传播没有边界，没有地域限制，没有受众选择，只要你感兴趣，随时可以获取信息，随时可以发布信息。自媒体的自由开放性特点加速了跨界媒介的融合进程，而且这种融合不是简单的加减法，不是媒介之间的物理结合，而是两种或两种形式以上的媒介多层次、多领域、多维度相互渗透与融合，如新媒体集合了文字、声音、图像等于一体。同时，自媒体的开放性还使其具有一种自组织化功能，如其形成的微博粉丝圈、微信朋友圈等，是介于陌生人与熟人之间的社交圈子。这种自组织功能有利于"社会圈子"的构建，对于网络公共领域的形成有一定促进作用。

（4）形式多样性。自媒体是一种典型的数字化媒体。数字化技术，是将信息编制成计算机可以识别的二进制代码0和1，再转化为脉冲信号，再以一种人们能识别的符号信息传递出去。相较于传统媒体，自媒体以文字、图片、语音、影像等多种方式传播，并通过多平台如电脑、手机、电视等实现了形式多样的传播。也即，自媒体改变了信息组合方式，将分布于全球的图文并茂的媒体信息以超链接的方式组织在一起，方便了受众阅读。这种多样性形式，使受众能够按照自己的意愿和思路，实现内容的跳转和表达方式的转换，更好地体现了读者的主体地位及思维规律，大大增加了新闻报道的综合性、信息量、可选择性和自主性。[1]

自媒体所具有的如上典型特征，使其作为一种信息传播技术载体，在促进信息的传播、交流、互动等方面起到了巨大的推动作用，从而促进了信息所承载的个体的思想、意见等得以较大程度地表达出来。这为民主的发展提供了一种可能。

第二节　自媒体言论表达

从历史发展的角度看，言论自由是一项古老而又常新的社会实践活动。公元前5世纪前后，古希腊的雅典城邦便开始尝试由公民来管理国家，并由此形成了"公民大会"这样一种集体组织，来讨论、决定城邦的重大事宜。这种开放、自由的公共讨论奠定了久远的古希腊民主制度，也成为现代民主制度的源头。虽然，随后的中世纪成为自由的劫难，尤其使作为言论自由制度中最重要的政治言论自由几乎成为不可能，但自由的种子已经埋入人类的灵魂深处，一旦条件成熟便破土而出——随着西方启蒙时代民主意识的觉醒，自由、人权、民主等观念深入人心，言论自由再次成为自由斗士奋斗的目标，如伏尔泰的名句："我不同意你说的每一个字，但我誓死捍卫你说话的权利。"在西方，言论自由理论有长足的发展。弥尔顿的《论出版自由》中对自由的论述曾一度成为美国最高法院审判言论自由案件时引用的法理，洛克的《政府论》中的分权思想也成为民众通过媒体批判政府、自由传播信息的新闻自由的重要思想来源。言论自由自1883年传入中国后有了长足的发展，由于翻译或语言的差异等原因，在我国关于言论自

---

[1] 匡文波：《新媒体舆论：模型、实证、热点及展望》，中国人民大学出版社，2014，第13页。

由概念有不同的表述。因此，在论及言论的自由与权利之时，与此相关的概念——言论自由、出版自由、新闻自由是一个绕不开的话题，在此笔者将以表达自由为脉络，从历史的角度对三者作简要梳理，以期更好地理解在新媒体技术扩张之下言论的自由和权利的新发展。

一、从言论自由到表达自由：一个历史的视角

何为表达自由（freedom of expression）并非一个新话题，在域内域外学术界都有着丰富的研究资料。表达自由是一项基本人权，受到国际和地区人权条约的认可和保护，也是许多现代国家的宪法和法律承认和保护的基本政治权利和自由。表达自由虽然是一项世界性的普遍权利，但"表达自由"并没有一个被普遍接受的定义。学者们大都基于个体对表达自由的理解和认识从各个角度对其进行定义。在我国，表达自由曾长期与"言论自由""出版自由""新闻自由"在近似或相同意义上使用，然而三者显然并非同义。它们的混淆使用在我国属于普遍现象，而且对三者的概念界定也比较模糊。"20世纪二三十年代，人们大多没有将'言论自由'与'新闻自由'两个概念进行区分"[1]，而实际上，言论自由、出版自由、新闻自由三者从域外引进的历史也各有不同，其内涵指涉当然有所区别。路鹏程博士在其《言论自由理念演进史——言论自由、出版自由与新闻自由概念传入中国的历史考察》一文中系统考察了此三个概念先后从西方舶来的历史时间。据路鹏程考证，言论自由和出版自由于1883年传入中国之时，并非以"言论自由""出版自由"这种具有现代意义的概念表征，而新闻自由的引进更是1940年代之后的事情，由此也从历史发展的角度佐证了三者并非同义。

言论自由是一种最古老的表达思想和意见的自由，有学者甚至认为，狭义上的言论自由就是以口语表达思想、意见的自由，它最显著的特征是它的口语性，专指人们采用口头语言的形式或说话的手段的自由，包括谈

---

[1] 转引自路鹏程:《言论自由理念演进史——言论自由、出版自由与新闻自由概念传入中国的历史考察》，《中国传媒报告》2009年第4期。

话、演讲、讲学自由等。[1] 可见，言论自由是人与生俱来的权利，它的历史最为久远。出版自由，是由"出版"一词的产生而产生，并且随着"出版"定义的外延不断扩大而扩大的概念。狭义上的出版自由特指书籍、报刊、音像制品的编印和制作。这其中"报刊"一般已被新闻自由所囊括，即人们一般将通过报纸、期刊传递信息、发表言论等列为新闻自由。可见，一般意义上的出版自由包括新闻自由。随着计算机、网络技术的发展，"出版"的外延不断扩大，出版自由的外延也不断扩大。在国内最早研究表达自由的专著《论表达自由》一书中，甄树青博士总结和分析了世界各国关于表达的自由和权利的各种称谓，并得出结论说，使用最多的称谓是"言论自由"，但很多称谓都带有"表达"二字，即便不带"表达"二字，也含有表达的意思，如发表、传播等。另外，很多国家的宪法使用言论、出版、新闻、印刷、创作、思想、观点、意见、演讲、信念、见解、报刊等词汇，而这些词汇都是表达的外在表现形式或表达的目的或内容，与表达有着密不可分的关系，并且是"言论"一词所不能包纳的。因此，他总结说，表达自由或者表达某某的自由是世界各国及国际人权文件最为常用的术语或称谓。[2] "言论自由""出版自由""新闻自由"在定义上也均有狭义和广义之分，从狭义上讲，三者所指涉的重点各不相同。狭义上的言论自由只是以口语表达思想意见的自由，出版自由是通过出版物表达思想和见解的自由，"新闻自由，不外以下三事曰，采访自由。传递自由。受授及发表自由"[3]。从广义上，三者相互统摄，"通常指的是同一个意思，即表现自由"[4]。可见，"表达自由（或发表意见的自由）通常是一个总括性的概念"[5]。这也是目前学界多以表达自由来称谓公民这一基本权利的原因。

---

[1] 甄树青：《论表达自由》，社会科学文献出版社，2000，第41页。

[2] 甄树青：《论表达自由》，社会科学文献出版社，2000，第10页。

[3] 转引自路鹏程：《言论自由理念演进史——言论自由、出版自由与新闻自由概念传入中国的历史考察》，《中国传媒报告》2009年第4期。

[4] 陈力丹：《马克思恩格斯论出版自由》，载中国新闻学会编《新闻自由论集》，文汇出版社，1988，第190页。

[5] 魏永征、张咏华、林琳：《西方传媒的法制、管理和自律》，中国人民大学出版社，2003，第11页。

出现以上种种差异，主要因为以下几点原因：一是三者在内涵上本来指涉各有侧重，在历史发展的不同时期，其表达自然不同；二是由于该理念为舶来产品，并非本土观念，因语言差异造成翻译过程中的侧重不同导致上述差异的存在；三是表达自由是一项综合性权利，而且也是一项发展着的权利，在表达载体技术条件由弱到强的过程中，其表达的侧重也有所不同，如在纸质传播时代出版自由自然成为主要。诚如甄树青所总结的，无论使用哪一个概念，其都是将自己内心的思想、观点等表现、显示于外的行为，只是表现方式的相异而已，因此表达自由最能涵盖三者。综上所述，为了行文方便，本书只在广义上使用上述概念，所称言论自由或表达自由皆指一般意义上的将想法、意见等通过一定媒介表现于外的权利和自由。

二、国内学者对表达自由的定义

那么，如何定义表达自由？国内有诸多学者对表达自由进行了表述。如从信息不对称角度研究中外传播法，认为公民表达自由是指公民自由表达思想、观点、主张不受干预的信息交流和沟通活动。狭义的表达自由仅指言论，中义的表达自由除指言论之外，还有出版、新闻、艺术表现等自由；广义的表达自由除了上述诸形式之外，还有集会、游行、示威、结社等通过标语口号及其他手段实现的言论自由。[1] 也有用分解的方法，把表达自由分为"表达""自由""权利"三个层次分析表达自由的内涵，并综合起来理解，把表达自由界定为"公民享有的受法律规定、认可和保障的，使用各种媒介手段与方式公开发表、传递自己的意见、主张、观点、情感等内容而不受任何他人或组织干涉、限制或侵犯的权利"[2]。权利主体延及全体公民，表达形式也得到扩张，不仅指传统意义上的以声音文字体现，也包括许多行为表达。侯健认为，表达自由包括言论、出版、集会、游行、示威

---

[1] 雷润琴：《传播法——解决信息不对称及相关问题的法律》，北京大学出版社，2005，第155页。

[2] 杜承铭：《论表达自由》，《中国法学》2001年第3期。

等自由。[1]齐小力认为，相对于传统的言论自由，表达自由具有较大的外延，既可以涵盖传统意义上的言论自由、出版自由，还包括新型的表达形式的网络表达自由和艺术性质的视觉或形体表现方式的自由。[2]

以上林林总总基本概括了表达自由的含义，由此可见，表达自由是一项综合性权利。首先，从传播载体和工具上看，它可以表现为表达者通过自己的言语、行为、穿着以及自制的纸质物品、电子物品和其他表意物品等进行表达；也可以借助广播、电视、电影、互联网等各种传播媒体，以及报纸、杂志及各类出版物等进行表达。其次，从表达主体和方式上看，它可以表现为公民、法人和其他社会组织独立表达，例如讲学、报告、著作等；也可以表现为与他人合作表达，例如对话、辩论、合著等；还可以表现为参与某个组织或群体共同表达，例如集会、结社、游行等。再次，从表达内容和属性上看，有政治性表达，如与民主参政有关的各种表意行为；商业性表达，如各种商业广告、经营性会谈等；煽动性表达，如鼓动实施某种违法行为、对抗政府甚至分裂国家的行为；还有淫秽性、侮辱性、诽谤性、歧视性表达等。又次，从表达的外显特点上看，表达是思想和情感的外泄，是一种展现、传播、影响甚至期望回应的行为。如果行为人只是在自己的房舍和其他私密的地方表现自我，则属于个人隐私问题；如果行为人自制的纸制品或电子制品或艺术品等没有传播于他人和社会，则属于思想自由的范畴。最后，表达自由还涉及积极的表达和消极的表达，前者是一种积极的表现行为，后者是一种消极的无所作为，通常所说的沉默权便是不作为表达的典型表征；除此之外，匿名表达、不佩戴有特殊意义的徽章和装饰等，也属于不作为的表达自由。同时，表达自由还是一个开放性的概念，随着传媒技术的发展，表达自由的范围在不断扩展，网络表达自由基本上已被学者们的表达自由定义囊括其中。

---

[1] 侯健：《表达自由与行政法规制定权——以网络信息内容管理规范为例》，《新闻大学》2018年第2期。

[2] 齐小力：《论表达自由的保障与限制》，《中国人民公安大学学报》（社会科学版）2010年第2期。

本书综合国际人权公约对表达自由的规定，将表达自由界定为表达各种意见和思想的自由，也即寻求和接受各种信息和思想的自由，两者均可以是任何形式。表达自由条款的构成有三项：其一，信息自由和见解自由，即不受干涉地寻求和接受信息，这是表达自由的内在基础和前提；其二，言论自由，即向外传播信息、见解和思想的自由，这是表达自由的核心内容；其三，口头、书面、印刷或以艺术的形式，通过任何媒体（媒体自由）且不受疆界影响（国际交流的自由），可归结为表达自由的形式、手段、途径。由此可见，表达自由是一项权利束，"既包括表达、传递信息和思想的自由，也包括寻求、接受信息和思想的自由；不仅包括表达权利和自由本身，而且包括利用各种媒介和渠道的权利和自由"[1]。在国际法以及国内法中，表达自由都是公民一项不可随意剥夺的权利。表达自由保护的正当性就在于群体利益的表达和公民对重大政治、经济、社会、文化等公众问题发表见解与主张的权利。也就是说，公民所受保护的表达自由之权利，主要涉及公民公共性的见解观点的表达，而非公民的私人领域的表达。只有当公民的表达在形式上处于公开状态，在内容上涉及公共性质的时候，法律才有必要且有权力实施保障和干预。

在我国现行的政策与法律框架下，并没有明确的"表达自由"字眼。2006年10月，在中国共产党十六届六中全会所作出的《中共中央关于构建社会主义和谐社会若干重大问题的决定》中，首次明确提出"公民有知情权、参与权、表达权、监督权"。这是公民表达权第一次被引入中共中央的重要文献，具有重要意义。表达权的核心和目的就在于表达自由，因此表达权即表达的自由和权利。也有很多人直接将表达权称为表达自由，这是基于表达权是一种权利保障，而表达自由正是这种权利追求的价值目标。表达权更强调法律赋予的权利，并为法律所保障；表达自由更强调的是一种自主追求的目的状态。但到目前为止，中国法律法规体系中，尚没有出

---

[1] 张燕、徐继强：《论网络表达自由的规制——以国家与社会治理为视角》，《法学论坛》2015年第6期。

现"表达权""表达自由"的字眼,类似的权利规定见于《中华人民共和国宪法》第三十五条中:"中华人民共和国公民有言论、出版、集会、结社、游行、示威的自由。"单从该条的规定来看,我国宪法虽然没有使用表达自由这一术语,但它同时包括了现代民主社会正常运行涉及的各项权利,由此可以将这一组权利和自由称为表达自由权。因此学界一般将宪法第三十五条称为表达自由条款。

三、自媒体表达自由:言论自由在网络空间的延伸

之所以前面花了大量笔墨论述表达自由,就是因为表达自由是一个开放性的概念。比如,从传播载体和工具上看,表达自由可以表现为表达者通过自己的言语、行为、穿着以及自制的纸质物品、电子物品或其他表意物品等进行表达;也可以借助广播、电视、电影、互联网等各种传播媒体,以及报纸、杂志等各类出版物等进行表达。这其中,由于载体的变化,表达自由的外延也有所发展。网络空间的发展,让表达自由有所拓展,也即作为信息和思想载体的传媒媒介的发展,会带来表达自由的扩张。自媒体表达自由是公民的这项基本权利与网络媒介不断发展而相互融合情境下所衍生的新问题,是公民基于自媒体这个信息媒介来实现的基本权利,本质上仍属于表达自由的基本范畴和实现载体。自媒体言论表达自由与传统表达自由相比,具备以下特点。

一是表达主体的范围更加宽泛。在传统媒体传播过程中,信息的传播方向是自上而下的,传播者主要是传播机构和职业的传播者即记者,普通公众几乎没有机会利用媒体来发表自己的声音。自媒体时代,因传播载体的改变而使得传播者的范围扩大,人人得以参与传播过程,他们既是传者也是受众,都可以利用自媒体表达自己的所看所观所感,从而扩大了表达主体的范围。这种主体的扩大,横向表现为普通个体加入了传播者行列,因此有人称这个时代是"传播者的时代";纵向表现为现实世界中的传统媒体机构和网络空间的网络平台、服务提供商等都是信息传播的载体、链条。

当个人掌握的传播工具越来越多、在信息传播中的地位越来越高时，不可避免会对主流舆论形成冲击。

二是表达内容的非正式。在传统媒体传播"把关人"理论中，传播的过程需要传播者的把关，只有符合社会规范和把关人所代表的意识形态价值标准的信息才得以传播。传播内容不仅正式、严谨、导向性明显，同时也稍显滞后。在传统"把关人"理论中，信息由职业传播者即记者进行初始把关，然后由新闻机构进行第二道把关，经过层层筛选和过滤后，信息才能最终进入大众视野，并且由于传播机构从用语、意识形态等方面进行了层层把关，信息的政策性、真实性、权威性凸显。而自媒体表达则不必承担意识形态宣传的导向重任，表达内容随意、轻松，凸显非正式特征。同时从专业新闻的角度来看，这种非正式还表现在，在自媒体传播中，"把关人"理论几乎不起作用，因为表达者多是并未经过专业训练的普通个体，他们的个人素质参差不齐，并且随时随地地把自己的所想所看所观传播出去。虽然有网站管理人等对信息进行过滤、删除，但这是一种事后监督，尽管信息的屏蔽也能事先阻断部分敏感信息的传播，然而面对海量的信息和丰富的语言，这种方式收效甚微。失去约束和监督的言论不仅表现得非正式，还凸显了部分非理性的特征。

三是表达效果的维度更深广。自媒体表达的交互性、便利性、及时性等特征突破了传统传播空间和时间上的局限，从而决定了其传播的广度和深度。自媒体传播改变了传统媒体的"单向度性"，即受众只能被动地通过传统媒介来获取知识和信息，言论的主动权和言论的内容都由传统媒体所掌握。传统的纸质媒体只能通过滞后的"反馈信息"如"读者来信"与受众交流和沟通。而自媒体表达不再是单向度的，而是多向度的[1]，由此决定了信息传播的广度。自媒体表达让每个个体都拥有了话语权，而权利又是利益的保障，即人人都有自由发表言论的权利，这种平等化的权利赋予，决定了自媒体意见表达的深度。

---

[1] 邓晔：《论网络言论自由与政府规制》，国家行政学院出版社，2015，第29页。

正是以上不同于传统表达自由的特点，使自媒体表达自由的可控性比传统媒介时代要低。自媒体的虚拟性、无边界、互动性等特点，使得网络中的自媒体言论内容异常丰富，并呈现多元化趋势。这也是现代诸多发达国家都很注重网络安全，并把网络安全作为国家发展的主要政策之一的原因。

第二章　自媒体言论表达之功能

言论自由的功能与言论自由本身的价值一样，是古今中外许多政治家、思想家探讨和研究的重要课题之一。表达自由的目的不在于表达本身，而在于通过展现情感、传达思想影响和作用于他人、社会和国家，并期望得到回应和共鸣。早在20世纪初，美国联邦最高法院大法官布朗戴斯就说过，国家的最终目的在于协助个人自由地发挥其天赋和才能，而对自由最大的危害就是对人民的消极冷漠，国家的任务就是给予人民参与公众讨论和诉说苦情的机会，以寻求治国和救济之道，因为这是表达自由的目的性价值和手段性价值。[1]可见，历来的政治家和学者对表达自由促进人民权利的实现、民主法治的发展等给予了深切厚望。关于表达自由的功能和价值，言论自由理论的集大成者托马斯·艾默生教授提出了著名的"四说"，即"表现自我、追求真理、健全民主和维护社会安全"[2]。虽然这种观点受如何区分言论的类别以及在一国政策之下对言论自由保障的程度之限，但其内含的功能价值是毋庸置疑的。在我国，最早研究表达自由的学者甄树青比较全面地总结了表达自由的功能，即具有健全人性、探索真理、弘扬民主、疏导社会、昌盛文化、捍卫自由、和平亲善、娱乐大众、润滑经济九项功能。[3]而在新的传播技术条件下，自媒体言论表达除了具备传统表达自由的价值功能外，还具有其不可忽视的独特一面。

---

[1] 林子仪：《言论自由之理论基础》，台湾元照出版有限公司，1999，第13-14页。
[2] 林子仪：《言论自由之理论基础》，台湾元照出版有限公司，1999，第15页。
[3] 甄树青：《论表达自由》，社会科学文献出版社，2000，第109-138页。

一、推动法治政府建设

在我国，法治政府是近几年政治发展的一个理念和目标。党的十八届四中全会提出要深入推进依法行政、加快建设法治政府，并树立了在2020年基本建成法治政府的目标。党的十八届四中全会通过的《中共中央关于全面推进依法治国若干重大问题的决定》从六个方面指出了建设法治政府的工作方向，"强化对行政权力的制约和监督"是其中一个重要方面。美国学者、法学教授文森特·布兰西认为，享有充分表达自由的民众，特别是享有充分表达自由的组织化的媒体，是制约政府权力包括联邦政府、州政府和地方政府权力的必不可少的力量；享有治理社会权力的政府和政府官员，在行使权力的过程中，容易滥用自己的权力；而权力越大，滥用权力给人民和社会造成的灾难就可能越大。[1]布兰西之意在于说明，表达自由是抑制政府权力、保证政府权力不滥用的有效手段。

中国历史发展到今天，民众对法治政府的期盼和呼唤伴随着四十多年的改革开放而更加强烈，伴随着十八大之后反腐败的深入、依法治国的全面建设而迸发。大量现实数据表明，技术的发展与变革在推动社会发展方面有着不可替代的作用，自媒体意见表达正是借由信息传播技术这个便利条件，一定程度上助推了公民表达权的实现。"技术赋权"理论认为，新的传播活动使得精英主义垄断被打破，实现了话语权的重新分配。虽然"技术赋权"理论因过度夸大技术的作用而陷入"技术决定论"有失偏颇，但自媒体技术内嵌的自由、平等、民主等价值取向，确实使表达权有所扩张。传统媒体时代的政府是"全能型政府"，随着媒体技术的发展，在信息分享、内容自由生产的背景下，政府逐渐向有限政府、服务政府、数字政府转变。在这个转变过程中，政府的执政理念逐渐由"官本位"走向以人为本，由"封闭式"走向开放，这个过程是一种"倒逼"式的推进和发展，推动着法治政府发展。以下主要从"微博问政"这种新生的政务运行方式来说明自媒体在推动法治政府建设方面产生的积极作用。

---

[1] 王四新：《网络空间的表达自由》，社会科学文献出版社，2007，第73页。

（一）"微博问政"的发展

2010年被称为"微博元年"。这一年，从党政官员到普通百姓，微博账号如雨后春笋般生长。其中，政务微博是指中国政府部门推出的官方微博账户，它包括政府机关、公共事务管理部门以及政府官员和公共事务管理工作人员个人开通的微博。移动新媒体上市后，政务微信公众号逐渐增多。据统计，截至2014年12月31日，政务微博认证账号（含新浪、腾讯两大平台）达27.5万个，微信公众号超过8.3万个，其中部委微信公众号占40%以上。[1] 政务微博开通的初衷是提供资讯或服务抑或是为了舆情危机公关，但政务微博的开通确实实现了更多、更快的政情发布，对干群沟通也起到了很好的渠道作用。在2010年的安徽省"两会"上，"网络问政"首次写入政府工作报告。报告指出："要更加关注人民群众的新期待，创新联系群众方式，支持鼓励网络问政。"随之，"微博问政"一词悄然诞生。

自2011年"微博问政"进入学者的研究视野以来，学界便企图对它进行定位。有学者将其放在党的建设视角下进行研究，认为"微博问政"是党的执政方式的一种创新；有的学者将其置于政治学范畴中，认为"微博问政"是公众对政治的参与；也有学者将"微博问政"放在管理学视域之下，认为"微博问政"是社会管理创新的一种手段。可见，"微博问政"已经随着信息技术的发展而走进了政府与民间、学者与普罗大众的生活中。虽然学界尽量在自己的专业范围内对"微博问政"进行解读，但一直存在诸多争议。单就"微博问政"的主体而言，学界就有不同的定位。有学者认为，"微博问政"的主体是"各级党委、政府以及领导干部"[2]；也有学者认为，"微博问政"的主体是"社会公众、广大有政治诉求的网民"[3]。从这两种观点便可见出思维方式的差异，也体现了人们对"问政"一词的理解差异。前者是自上而下的思维方式，问政的对象自然就是社会公众，带有政府对民众的"管理"之意；后者是自下而上的思维方式，问政的对象自

---

[1] 根据腾讯发布的《2015年度全国政务新媒体报告》。

[2] 金宁锐：《从微博问政看社会管理中的公众参与问题》，《唯实》2012年第6期。

[3] 秦前红、李少文：《微博问政的规范化保护需求——基于社会管理体制创新的视角》，《东方法学》2011年第4期。

然是政府和官员，带有社会公众对政府的"诘问"之意。也有学者直接将"微博问政"定义为"通过微博的形式进行公民参与"[1]。

笔者认为，"微博问政"是一个双向的过程，是社会公众对涉及公共政策和公共利益等问题，向政府表达意见、陈述想法，政府通过微博虚心听取意见、自觉接受群众监督，从而起到利益维护和优化政府治理之目的。就其本质而言，"微博问政"是社会公众实现意见表达的平台和渠道，是政府治理逐渐被推向合理、公平以及自我优化和提升的途径。因此可以说，"微博问政"是在民众、政府、社会组织等多元主体参与下，借助微博平台而产生的一种新的政务运行方式。它代表着一种正向的、积极的能量，与其他意见表达机制一起构建现代民主发展机制，从其诞生起就承担着人们促进民主发展的美好期待。

微信自产生以来，其所具有的亲民功能备受广大民众和政府管理人员的青睐，政府微信公众号发展势头迅猛。于是，微信和微博一起相互融合而使政务新媒体有了突飞猛进的发展，2015年以来，"两微一端"（微博、微信和移动客户端）在很多政务民生领域成为重要的平台。2018年12月7日国务院办公厅发布的《国务院办公厅关于推进政务新媒体健康有序发展的意见》（国办发〔2018〕123号）指出，要努力建设利企便民、亮点纷呈、人民满意的"指尖上的网上政府"，到2022年，建成以中国政府网政务新媒体为龙头，整体协同、响应迅速的政务新媒体矩阵体系，全面提升政务新媒体传播力、引导力、影响力、公信力，打造一批优质精品账号，建设更加权威的信息发布和解读回应平台、更加便捷的政民互动和办事服务平台，形成全国政务新媒体规范发展、创新发展、融合发展新格局。自此，"政务新媒体"取代了"网络问政""微博问政"等带有争议性的名词，成为宣传、引领、贯彻党的精神、政策、方针的新阵地，成为推进政务公开、优化政务服务的新平台。

---

[1] 沈亚平、董向芸：《微博问政对于政府管理的价值与功能分析》，《南开学报》（哲学社会科学版）2012年第3期。

（二）政务自媒体的功能

《国务院办公厅关于推进政务新媒体健康有序发展的意见》指出，政务新媒体是移动互联网时代党和政府联系群众、服务群众、凝聚群众的重要渠道，是加快转变政府职能、建设服务型政府的重要手段，是引导网上舆论、构建清朗网络空间的重要阵地，是探索社会治理新模式、提高社会治理能力的重要途径。

首先，政务新媒体一定程度上保障了人们的"四权"。"四权"指知情权、参与权、表达权、监督权。2007年，"知情权"写进党的十七大报告，成为公民的四项基本权利之一；党的十八报告中，进一步明确了以知情权为首的公民的四项权利。这成为推进我国政治体制改革的重要方向。公民的知情权、参与权、表达权、监督权是相辅相成的，缺一不可，其中知情权是其他权利的基础，没有知情权，没有公民对政府公共决策的知晓，就不可能有参与和表达；没有充分的参与和表达，监督权更是无从谈起。政务新媒体的运用，其中首要要求就是政务公开，促进公众对政府信息的了解，要让公众知道政府决策的程序、进展、结果以及实施的过程，要让公众知道政府的意图，在涉及公众利益的决策制定之前要听取公众的意见等。但是，权利如果只保障在文件里，不真正贯彻实施，那也不过是纸面上的权利。党的十八届四中全会通过的《中共中央关于全面推进依法治国若干重大问题的决定》指出："全面推进政务公开。坚持以公开为常态、不公开为例外原则，推进决策公开、执行公开、管理公开、服务公开、结果公开……推进政务公开信息化，加强互联网政务信息数据服务平台和便民服务平台建设。"良法善治，民之福祉。正是在党的领导下，政治体制改革不断推进，政务公开不断深化，民众才有了更多的知情权。借助新媒体技术，人们也有了广泛参与信息共享的可能和机会，可以对政策议程的设置、进展、决策发表自己的看法、表达自己的意志，促进"四权"实现。

其次，政务新媒体开创了利益表达的新渠道。表达权的实现是建立在知情权和参与权的基础上的。没有表达权，也就没有对政府权力的制约。所以十七大报告将监督权放在最后，也是有其理论和实践意义的。表达渠道和表达机制被认为是公民利益实现的关键问题。传统传播方式是一种点对面、自上而下的单向传播，公众只能被动地接受事先预定好的信息，对信息的理解和反馈也是被动和滞后的。因此在传统政治管理模式之下，当民众利益受到侵害时，由于不能及时得到解决和救助，他们往往采取信访或其他非正常途径维权。政务新媒体的运用建立了一种新的民众与政府沟通机制，让更多的人有机会、有条件走进公民议政的殿堂，表达自身的利益诉求。《国务院办公厅关于推进政务新媒体健康有序发展的意见》指出："加强政民互动，创新社会治理。畅通政务新媒体互动渠道，听民意、聚民智、解民忧、凝民心，走好网上群众路线。认真做好公众留言审看发布、处理反馈工作……对于群众诉求要限时办结、及时反馈，确保合理诉求得到有效解决。"近几年，我国处在改革开放关键时期，一些因发展不平衡问题而产生的矛盾，或者因为一些历史的、体制的或机制的原因而产生的矛盾逐渐显现，面对这些冲突和矛盾，政务新媒体的灵活运用，畅通了民众的利益表达渠道，避免了社会某些群体在网络上聚积，保证了社会的和谐稳定。

最后，政务新媒体提高了表达权的实效性。拥有表达权和表达权的实效性是两个问题。拥有表达权并不代表表达权能达到一定的效果。自媒体时代虽然人人都有说话的权利，但并不代表人人拥有话语权。现代传播理论中的"有效传播"概念是指，你的声音能被多少人听见、能被多少人接受和采纳，决定了你的意见表达的实效；同时，表达者本人在网络这个大染缸里受到各种因素影响，其意思表示有多少是本人的真实意思表示等，都决定着表达权的实效性。有学者研究表明，在公共事件中的微博话语权依然掌握在少数人手中。草根阶层要么自说自话，要么受微博意见活跃群体潜移默化的影响。[1] 因此，是否能够全面表达、有效表达，跟表达机制的健全、表达渠道的畅通关系密切。政务微博、微信作为一种官方自媒体，与公民个人微博、微信相比具备一定的权威和约束力，毕竟它代表的是一种官方行为。政务新媒体在政治体制改革的大背景下，承担着网络强国战略下治国理政的使命担当，在公民的权利保障方面具备一定的实效性。

政务自媒体作为一种新生事物，其正向功能毋庸置疑，同时，我们也

---

[1] 芦何秋、郭浩、廖俊云、石慧、沈阳：《新浪微博中的意见活跃群体研究——基于2011年上半年27件重大网络公共事件的数据分析》，《新闻界》2011年第6期。

应该看到，由于新媒体不断更新，政府部门大都成为各种新媒介形态的忠实拥趸，从微博、微信，到客户端，再到短视频、抖音等，新媒体已经给地方政府尤其是县级以下地方政府带来很大的运行压力。虽然这种拥趸的出发点应该是便于沟通民意、促进政务公开，但有些也日渐成为"打卡晒成绩"的工具。于是，对于一些"存在不发声、乱发声、更新慢、'不务正业'、自说自话、回复敷衍了事、功能无法使用，甚至'不当言论、雷人雷语'等问题的要及时整改，运维能力差的要立即关停整合"[1]。这是《国务院办公厅关于推进政务新媒体健康有序发展的意见》发布后，地方政府针对问题政务新媒体做出的调整举措。

二、助推公民权利监督

公民的监督权是指公民拥有向国家提出申诉、控告和检举的权利。我国宪法第四十一条规定："中华人民共和国公民对于任何国家机关和国家工作人员，有提出批评和建议的权利；对于任何国家机关和国家工作人员的违法失职行为，有向有关国家机关提出申诉、控告或者检举的权利，但是不得捏造或者歪曲事实进行诬告陷害。"这便是公民监督权的宪法体现。马克思、恩格斯在总结巴黎公社历史经验时就提出了人民群众监督的思想，这也是我国党领导下的人民群众监督权的最早理论渊源。1991年，最高人民检察院发布了《最高人民检察院关于保护公民举报权利的规定》，对保护举报人的权利作出了规定，随后，一些地方立法逐渐跟进。2005年《信访条例》的出台，标志着我国已经开始构建以宪法为统领、以具体制度为辅助的公民监督权保障制度。可以说，我国已经步入了公民监督权的法制化轨道。然而，在现实中，我国公民的监督权行使并不十分通畅。原因是多方面的，有公民的积极性问题，有举报人保护不力等问题。2016年审议通过的《中国共产党党内监督条例》，更是第一次以党内法规的形式将舆论监督列为党内监督的重要制度。同时，随着自媒体的发展，信息流动的频繁

---

[1]《广东省推进政务新媒体健康有序发展的实施意见》，http://www.gd.gov.cn/zwgk/wjk/qbwj/ybh/content/post_2284983.html，访问时间：2019年10月23日。

和快速、公民表达积极性的提高、政务自媒体沟通互动渠道的畅通，公民监督权发展到了前所未有的高度。比如，近几年，在自媒体的推动下发生的风暴般的网络反腐行动。网络反腐具有显著的正能量，它借助焦点事件，通过非制度化途径，倒逼政府介入腐败案件的查处，从而加速体制内反腐的理性化和制度化进程。近几年因网络举报而最终被查处的典型案例不胜枚举，从"局长香艳日记"到雷政富的"不雅视频"、"天价烟局长"周久耕，从"表哥"杨达才到"房叔""房姐"等。如果说"微博问政"是自媒体意见表达的正向功能折射，是政府为迎合广大民众民主诉求的直接结果，是一种自上而下的自我发展过程；那么网络反腐作为公民监督权的行使过程，通过网络平台对腐败行为的信息公开促使监督机关介入调查、查处问题、问责官员，形成对政府的倒逼，迫使其权力的行使回到正常轨道上来，则是自媒体意见表达的反向功能在发挥作用。

（一）网络反腐的行动轨迹

通常认为，网络反腐是指通过网络技术及所引起的社会舆论效应对权力进行监督和约束，从而达到有效预防、遏制、惩戒腐败行为目的的一种全新的方式，是反腐败事业的新方式。网络反腐始于2002年官方在网络平台上设置举报信箱；2003年，最高检察院建立网络举报平台；2005年12月28日，中共中央纪律检查委员会、中华人民共和国国家监察委员会正式建立网络举报中心。随后，网络举报事件不断发生，2008年，大量官员因网络举报而被查处，达到网络反腐的高潮，2008年也被称为"网络反腐年"。党的十八大之后，网络反腐更有向高层官员发展的趋势。

网络反腐一般通过两种路径实现。一是通过官方网络平台举报。中共中央纪律检查委员会、中华人民共和国国家监察委员会官方网站首页设置了举报入口，并公布了举报受理范围。官方网络举报的程序一般是，举报人进入官方设立的举报平台→完成网络举报陈诉→监督机关受理→查证信息的真伪→是否查处。这种方式的反腐实际上也是网络问政的一种方式。另一种是民间网络反腐。民间网络反腐又分为两种形式，一种是通过民间举报网络平台完成举报行为，如2003年10月1日，李新德创办的"中国舆论监督网"作为第一个由民间人士专门为反腐败建立的网站上线运行，随后反腐网站如雨后春笋，为网络反腐后来的发展提供了现实基础；另一种则是充分利用自媒体意见表达的便利，随时随地公开举报信息，这种方式逐渐成为网络反腐的主流，如人肉搜索。人肉搜索是指将特定人员的信息公布在网络中，发动广大网友对涉及该人员的信息进行披露，使其裸露于网络。而网络反腐中的人肉搜索，是针对公职人员的涉嫌腐败行为的相关信息在网络上的披露和揭发，从而达到使其承担相应法律责任的目的。如周久耕事件便是通过这种剥洋葱的方式，使其违法信息不断呈现于网络。

笔者认为，民间网络反腐更能体现网络反腐的本质含义。这种反腐一般没有国家机关的参与，而是完全依靠普通公众的自主行为，借助自媒体传播平台，将国家官员的不法行为利用各种方式传播开去，形成网络热议，继而引起传统媒体的关注和跟进，最终遏制和惩治了腐败行为。同时，政府官方的举报平台和民间反腐行为这两种方式相辅相成，网民发帖引起网络舆论，但这种个人意愿的最终实现必须借助国家机关的介入和查处才能完成。

（二）网络反腐的功能

首先，打破了现行反腐败机制的内部封闭性。腐败行为，可以说是过街老鼠，老百姓对此深恶痛绝，人人都有除之而后快之感。传统传播方式之下，民众没有发声的机会和条件，对此也只能忍受和漠视。新媒体时代，人人都是扩音器，人人都是传话筒，对身边的腐败事件和信息人人都得以曝光。信息传播的广泛性使得案件的利害关系人、媒体工作者、民间反腐人士、普通网民都能够参与其中，而这种参与主体的广泛性更打破了现行反腐制度结构的封闭性，使得现行反腐机制更具开放性和外部监督性。如果说腐败案件的利害关系人的举报让反腐案件的查处具有必然性的话，那么网络民众的参与则让腐败行为的发现具有一定的偶然性，如"表哥"杨达才事件就是这种偶然加必然的结果。网络反腐对腐败案件的曝光及促进其查处具有一定的推动作用，是对传统反腐机制的有利补充。参与主体的广泛性，让公权力运行的违规行为无处遁形，打破了传统反腐机制闭塞和自上而下的单向性的弊端，疏通了权力与权利之间的阻隔。

其次，降低了反腐成本。传统反腐方式成本较高，一方面需要庞大的组织机构去调查、落实、查证，而很多腐败行为具有隐蔽性，给有关机关的查证带来极大困难，耗费人力财力物力；另一方面，网络举报的匿名性和主体参与的广泛性使反腐信息快速扩散，让腐败行为无处隐藏，且举报者承担的风险较小，分化了公众参与反腐的风险和压力，促进了国家执政行为的廉洁和高效。2012年的反腐倡廉分项调查显示，68%的网民最愿意通过网络曝光方式参与反腐；如果要举报，87%的网民会选择匿名；24%的网民认为匿名曝光保证了举报人的安全。[1]这说明，网络反腐为大部分网民所青睐。

再次，加大了腐败查处力度。网络技术的发展对人们的生活产生了广泛的影响，各种虚拟空间、网络社群的发展，突破了时间和空间的障碍，让人们能快速阅尽天下事。这无形中提高了人们作为公民对社会公共事务的参与能力。公民意识的觉醒源于对公平、正义、自由、民主等价值理念的追求和向往。要获得这些价值带来的实际利益，必须有相应的政治核心价值辅助。马克思的政治参与理论也认为，人民参与政治的目的就是为了获得切实的物质利益，这些利益的实现就是建立在自由、平等、正义、民主等社会价值之上的。而腐败行为正是对这些优良价值的腐蚀和侵害。党的十八大之后，反腐力度加大，网络反腐的快捷更是发挥了重要作用。如雷政富不雅视频事件，其不雅视频在网上曝光仅仅63小时之后，便得到有关部门的查处；无独有偶，随后的"单德增为情妇写离婚承诺书事件"更是在被曝光12小时之后被查处，其效率之高被网民称为"秒杀"贪官。这激发了权益被侵害公民希望通过自己的努力实现自我权利保护的愿望。有调查研究发现，人们对通过网络反腐来争取自己的权利的认同度有了极大提升，这是公民政治认同度提升的基础。

最后，在社会层面，形成了官民互信的和谐氛围。网络反腐是减压阀，促进了社会结构的平衡，维护了社会公平正义，维护了社会稳定，消除了公众的不信任情绪，缓解了公众的不满情绪，一定程度上保证了社会结构的良性运行。传统的举报方式是自上而下的逐步推进式，其中哪一步出了

---

[1]《近七成网民希望通过网络举报参与反腐 多数选择匿名》，http://news.china.com.cn/2013-02/20/content_28008922.htm，访问时间：2019年10月23日。

问题都会影响举报的效果，并且，传统的举报需要政府相关部门的积极回应和配合。如果政府部门因为官僚主义、官官相护、证据不全等原因而拖延或保持沉默，举报便如石沉大海。这种情况在我国科层制政府结构中存在的可能性是非常大的。同时，举报者对自己的人身安全也会有很多顾虑。而网络世界改变了这一现状，网络举报突破了传统的层层传达信息的方式，直接将信息公布于网上，而且是匿名操作的方式。网络反腐作为一种普遍的公众参与行为，其所代表的核心价值体系淡化了人情文化即官场潜规则在反腐中的作用，形成了一种道德约束。这会从整体上提高官员的自身道德素质，深化社会主义核心价值体系建设。

网络反腐的运行路线一般遵循这样的逻辑：网络举报→网络信息集聚→引起网络热议→传统媒体跟进→权力部门介入→事情查处。由此可见，网络反腐是一种非程序的、体制外的行为，有学者将其定义为"选择性反腐"。因此，我们也要理性看待"选择性反腐"之弊病，即从宏观角度而言，它是对法治平等原则的破坏，损害了法治的严肃性，滋长了腐败者的侥幸心理；对具体法律问题而言，它一定程度上构成了名誉权、隐私权与监督权、言论自由之间的冲突问题。同时，网络反腐因缺乏相关法律支持，导致其严肃性欠缺，在一些网民的"猎奇""爆猛料"心理驱使下，有网络反腐"娱乐化"倾向。网络反腐作为公民监督权的实现渠道，影响着中国的倡廉格局，因此，必须规制非理性狂欢式的反腐模式，加快网络反腐立法，促进网络反腐的正常运行。

三、促进文化多样性发展

表达自由具有"昌盛文化"的功能。历史反复证明，社会存在表达自由，就会为文化的繁荣昌盛提供良好的社会氛围、渠道与后盾；反之，缺乏表达自由，文化就会受到专制独裁者的肆意摧残，就会停滞不前、枯萎凋零。[1]文化是人类特有的现象，不同文明源流会产生不同的文化形态。"文明因多样而交流，因交流而互鉴，因互鉴而发展。我们要加强世界上不同国家、

---

[1] 甄树青：《论表达自由》，社会科学文献出版社，2000，第127页。

不同民族、不同文化的交流互鉴，夯实共建亚洲命运共同体、人类命运共同体的人文基础。"[1] 习近平在亚洲文明对话大会上的演讲是对文化多样化发展最好的阐释。文化本身具有多样性、民族性和时代性，文化的发展也是一个去粗取精、相互融合的过程。自春秋战国时期，中华大地上逐渐孕育并发展了以儒家、道家、法家、墨家、阴阳家、纵横家等为代表的百家学说，并沉淀为中华民族的文化基因。正是这个时期文化的各家争鸣、繁荣发展，使得中华民族智慧和精神得到大宣扬，为后世留下了宝贵的历史文化遗产，至今仍然是我国民族文化发展的基础和方向。文化的融合，是以文化的传播、交流为前提，经过撞击和筛选，在发展的过程中将优秀文化保存下来的过程。在网络中，各种文化异彩纷呈，自媒体传播渠道的多元化，为这种五彩文化提供了展现平台，促进了文化的融合发展。

（一）自媒体的去地域性特征促进民族文化的融合

"每一种文明都扎根于自己的生存土壤，凝聚着一个国家、一个民族的非凡智慧和精神追求，都有自己存在的价值。人类只有肤色语言之别，文明只有姹紫嫣红之别，但绝无高低优劣之分。"[2] 因此，促进文化融合发展是构建人类命运共同体的题中之义，也是世界文明发展的大势所趋。推动不同文明的交流和对话，使不同文明和谐共生，既是党和国家领导人致力为人类文明做出的贡献，也是中华人民共和国在人类文明发展进程中的大国担当。自媒体传播的去地域性使国家疆界趋向模糊，无形中促进了民族文化的融合发展。自媒体信息传播创造了一个无疆界的全球信息场域，其开放性等特征使公民的民族和国家观念淡薄。自媒体意见表达的实现平台是互联网。互联网对每个人来说已经不是陌生的东西，它已经深入地触及和影响着每个人的生活；它拓宽了人类的认知，突破了时空的限制，使相隔千里的陌生人瞬间即可成为面对面的网友，尤其是移动互联网在技术上实现之后，它更与每个人的生活息息相关。如今一部电脑（手机）在手，

---

[1] 习近平：《深化文明交流互鉴 共建亚洲命运共同体：在亚洲文明对话大会开幕式上的主旨演讲》，人民出版社，2019，第 5 页。

[2] 习近平：《深化文明交流互鉴 共建亚洲命运共同体：在亚洲文明对话大会开幕式上的主旨演讲》，人民出版社，2019，第 6 页。

便可阅尽天下事。这种没有边界、完全靠网络协议进行信息传输的模式，打破了地域之间、国家之间的界限，使得信息在全球流动。它增加了人与人、国与国之间的交流，使得信息的获取和意见的表达变得容易，这样不同国家、不同地域的有着不同观念和行为方式的人们可以借由网络这个载体发生碰撞、融合，从而达到一种共通，并逐渐消融了以物理疆界为特征的"国家边界"。人们在这样一个融合的平台中共享世界文明的璀璨成果，在交流的过程中加深对自身文明和其他文明的差异性认知，从而推动不同文明之间的交流和对话，促进世界文明的和谐共生。虽然自媒体因其传播技术优势具有卓越的文化融合功能，但我们也必须警惕其在与西方优秀文化融合发展的同时夹带而来的所谓西方价值观的侵蚀。青睐新媒体传播方式的年轻一代，是西方价值观入侵的目标人群。一些西方反华势力通过网络文化进行政治渗透，对我国的社会稳定造成很大挑战，对此我们必须引起重视。

（二）自媒体的多载体形式促进优秀文化的传承

"中华优秀传统文化是中华民族的突出优势，是我们最深厚的文化软实力"[1]，"博大精深的传统文化是我们在世界文化激荡中站稳脚跟的根基"[2]。习近平在庆祝改革开放40周年大会上强调，要积极培育和践行社会主义核心价值观，推动中华优秀传统文化创造性转化、创新性发展，传承革命文化、发展先进文化，努力创造光耀时代、光耀世界的中华文化。我们不缺传统文化的内容，缺的是传播渠道。自媒体新的制作技术、制作方式、传播载体的颠覆式变革，增加了传统文化的直观感，使传播效果更明显。像传统戏曲、古代服饰、民间手工艺等越来越多的传统文化，通过自媒体多载体传播方式，实现了文字、图片、视频、音频等的综合传播，丰富了人们的观感，加深了观众的理解度，形成了传统文化传承的创新方式。网络直播技术的出现，大大拓展了文化艺术的传播边界。[3] 如一场演出在大剧院一般能容纳近万名观众，但如果进入网络直播间，观众立即会变成几

---

[1] 习近平：《习近平谈治国理政》，外文出版社，2014，第155页。

[2] 习近平：《习近平谈治国理政》，外文出版社，2014，第164页。

[3] 李晋荣：《网络直播：让传统文化在"互联网+"时代活起来》，《光明日报》2019年3月20日，第13版。

十万甚至上千万。中央民族乐团中胡首席蔡阳被誉为"中国专业民乐网络直播第一人",她第一次开通直播,就有24万人涌进她的直播间。如今很多艺术家、传统手工艺者纷纷开通自己的自媒体,利用自媒体新的传播技术,更好地激发观众的热情、点燃观众的兴趣,在这个过程中寻求观众的认可度和契合点,为传统文化的传承打下良好基础。自从习近平总书记发出"让古董活起来"的倡导后,故宫博物院推出了一系列活动,如在网络上展示多件藏品、2019年春节故宫推出的"全景故宫"项目等更是让故宫成了"网红",获得大量年轻人的点赞和喜爱,实现了优秀传统文化对日常生活的有效融入。通过这些新兴的自媒体传播形式,一些传统文化从小众走向大众,从幕后走向台前,从机构走向个人化,成为越来越多的人感受、学习、交流的文化选择。

自媒体在传播优秀文化、普及科学知识、提高国民科学文化水平方面起着不可忽视的作用。讲学自由是表达自由的重要方面之一,由于自媒体突破了传统受众的地域限制,有志之士可以开办网络课程,制作线上讲学视频,在线传授知识。如今,网络知识付费、在线教育类应用呈显著增长趋势。[1]

(三)自媒体传播促进文化疆界消融

文化有疆界。如果说国界是一个民族国家物理空间的呈现的话,文化疆界则是一个国家或民族精神空间的呈现。文化疆界,不仅仅指不同民族和国家之间的文化差异,也包括传统文化和现代文化、中华文化和西方文化的区别。由于历史发展、地域、宗教、语言等各方面的原因,世界文化版图在经历了2000多年的流淌、交锋、对峙后,在世界范围内形成了各具特色的诸大文明,进而形成了各具特色的文化体系。在文化多样化的历史进程中,素有中西文化之别。由文化差异导致的心理疆界的存在,是世界各民族冲突的根本原因之一。文化没有优劣之分,但文化和政治有着紧密的联系,不同文化源流适应或者孕育着不同的政治体制(因此一般认为政

---

[1] 据中国互联网络信息中心发布的第45次《中国互联网络发展状况统计报告》,截至2020年3月,我国在线教育用户规模达4.23亿,较2018年底增加2.22亿。

治疆界与文化疆界有重合之事实），政治体制却有优劣之别。正是由于不同的文化背景和政治格局，才形成了不同的向心力和凝聚力，这对社会的团结和稳定有着至关重要的作用。全球化的发展态势下，地球已经越来越不是一个地域性的概念，而是一个所谓的"地球村"，它突破了国家、种族之间的地域、文化疆界，实现了全人类的"无限关联"和"无限关涉"。这种"无限关联"和"无限关涉"给文化的疆界消融带来了可能。在中国历史上，因不同民族和不同文化以及由此带来的冲突甚至杀戮不在少数。即便是在当今世界，因文化差异而产生的冲突和歧视也比比皆是。因此，我们必须正视自媒体的文化融合功能，既要发挥其积极作用，也要防止西方国家自我标榜的"普世价值观"对其他文化的入侵、歧视，甚至颜色革命等情况发生。

四、弘扬网络民主

公众、社会组织与政府，这三者是现代政治生活的三大主体。因此，这三大主体的良性关系、有效沟通的形成与构建，是和谐社会构建的基础，同时也是推进中国民主政治发展的引擎。民主精神包括尊崇自由和平等，民主和表达自由是相互促进的关系，表达自由在现实政治生态中的具体开展也体现了民主的力量，而且表达自由实现得越充分，民主的力量也就越大。自媒体作为一个全新的媒介，在很大程度上增进了社会信息的流动和沟通，尤其是对于传统政治语境下处于对立面而存在的管理方——官方和被管理方——行政相对人的相互关系，自媒体在二者之间起到了润滑和协调的作用，重塑了传统媒介与民主的关系，其交互性、便捷性、隐蔽性与民主有种深度的契合。

关于互联网是否会增进民主，这个问题在学界引起了一定争论，尤其在西方国家曾有过激烈的讨论。因为民主的发展与"公共领域"有着密切的联系，所以这种讨论一部分是围绕"公共领域"是丧失还是拓展而展开的。比如，比较有代表性的是马克·波斯特的《网络民主——因特网和公共领域》（1997），他认为，公民借助网络技术，加强和巩固了民主。而在《信息与美国民主》一书中，布鲁斯·宾伯对此持怀疑态度，他认为"到目前为止，新技术导致更高程度的政治参与的预想并未出现"[1]。他此处所说的新技术，即他所定义的第四次信息革命所产生并兴盛的网络技术。[2] 然而，20世纪90年代以来，一些在国际上影响较大的事件，如"克林顿性丑闻事件"、美国2008年和2016年的总统大选事件等[3]，逐渐凸显了网络对政治参与的影响，标志着网络民主的发展进入一个新的阶段。这主要得益于自媒体的发展。自媒体的发展重现了哈贝马斯的公共领域理论。公共领域理论是哈贝马斯的一个代表性理论，公共领域的概念意为"介乎于国家与社会（即国家所不能触及的私人或民间活动范围）之间、公民参与公共事务的地方"[4]。"公共领域"概念并非哈贝马斯所创，其由来可上溯到古希腊时期。公共领域理论，通俗地说，就是在政治权力之外，有作为民主政治基本条件的公民自由讨论公共事务、参与政治活动的空间，其关键含义，是独立于政治建构之外的公共交往和公共舆论，对于政治权力具有批判性。哈贝马斯的公共领域理论的公共空间是真正的社会物理空间，如咖啡馆、俱乐部等场所，地理位置相对固定，具有地域性特点，因此具有一定的局限性。查尔斯·泰勒对公共领域理论有所发展，他认为，实际上公共领域是一个由人及其语言互动所构成的场域，因此可以说，公共领域是一个由人们通过语言及行为展现自我存在，并与他人进行协商的话语空间。因此，这个公共空间并非实际上的物理空间，而是为参与者提供的一个跨时空集聚、非面对面交流和沟通的话语空间，是一种"想象中的舆论共同体"。这个空间并不局限于某个论坛，而是由同一议题在不同时间和空间的对话和交流整合而成。这才是真正意义上的公共领域。从这个意义上说，泰勒的公共空间理论更接近现代网络公共领域，即网络虚拟空间打破了地域上的时空限制，自媒体按照个人意愿随意随时进入其中，突破物理空间

---

[1] 布鲁斯·宾伯：《信息与美国民主：技术在政治权力演化中的作用》，刘钢等译，科学出版社，2011，第5页。

[2] 布鲁斯·宾伯将信息的发展分为四个阶段，即第一次信息革命：19世纪20年代至30年代；第二次信息革命：19世纪80年代至20世纪初；第三次信息革命：20世纪50年代至70年代；第四次信息革命：20世纪90年代至今。

[3] 2016年11月，特朗普当选美国第45任总统，被称为美国总统大选史上的"黑天鹅事件"。

[4] 展江：《哈贝马斯的"公共领域"理论与传媒》，《中国青年政治学院学报》2002年第2期。

阻隔，超越时间变化，甚至超越了国家政治疆界和文化疆界的限制，形成了一个真正的"话语空间"。因此可以说，网络信息空间为公众诉求、意见表达、公众舆论的形成提供了场域，人们可以随时随地参与公共事务、政府行为和社会事件的讨论，表达自己的意见或建议；同时，自媒体的自组织特征所形成的具有一定影响的网络圈子，如微博的"粉丝圈"、微信的"朋友圈"、QQ群等正加速和强化着这些功能的实现。这些由网络空间和网络社区提供的一个个面向公众开放的信息交流空间，具备了新型公共领域的雏形。的确，人们参与公共生活的可能空前扩大了，交往空间扩大了，交往方式也多样化了，它一定程度印证着哈贝马斯关于公共领域的定义要素：一是自由的主体，即有特定资格的可以参与公共领域对话的公民；二是公共空间，与私人空间相区别的能够交流的载体；三是自由的开放的非强制的空间，参与者可以自由地交流观点、表达意见、发表评论或进行辩论。新型公共领域具有调节国家和社会的关系、批判和监督政府、助力决策与立法、提升民主政治水平等功能，它有助于增进政府、政治人物与全体人民的关系，有助于公民进入政治议程，从而提升国家的民主水平。[1]

（一）增强了公民的参与意识

哈贝马斯公共空间的进入主体都是社会中明确的个体，形成的是一种面对面的、有真切情感体验的交流。然而，在真实的交流中，在舆论的产生发展过程中，交流和演讲的效果会受制于参与者的社会身份与地位。同时，受物理空间和时间的限制，哈贝马斯的公共空间承载的主体数量有限。而自媒体公共空间，在参与主体上有所不同。一是参与主体的范围有所扩大，自媒体公共空间参与主体不受身份和地位的限制。二是参与主体并非明确的个体，而是隔着屏幕的种族、身份、年龄、学历等都无法确定的主体，因此其意见的被关注度并非像哈贝马斯公共空间那样受身份和地位的限制，而是受其意见本身的价值影响。三是自媒体公共空间可以建立超越时空限制的对话，不受传统媒体的时空限制，讨论和交流可以持续深入推进，空间在内涵上扩大了。因此可以说，传统的传播模式已经被改变，每

---

[1] 郭玉锦、王欢：《网络公共领域建构研究》，北京邮电大学出版社，2015，第94-130页。

个有能力上网的人,都可以通过互联网获取信息,发表言论,并与他人直接互动。网络民主不受时空限制、传播成本低廉、传播速度快速等特点,让网民无论在何时何地,只要愿意,就能发表言论,谈论看法,从而激发了公众参与政治的热情,提高了公众参与政治的能力。据《中国公众的政治参与观念调查报告(2016)》显示,有55.9%的受访者表示,只要政府部门或相关机构就有关事项征求民意,就会积极表达想法。

(二)拓宽了公民政治参与渠道

一般意义上讲,政治参与就是指普通公民对公共政治生活的参与行为,政治参与的治理取决于两个方面的因素:主观方面是公民的参政能力和素养,客观方面是政治参与的途径和渠道。就我国而言,这两方面都不同程度存在问题,而后者的问题更为突出。[1]信息传播技术改变了传播主体的地位,这种主体身份的拥有让民众有了政治参与的条件和平台,从人民网的"强国论坛"上随处可见的网民对时政的看法和意见,以及每年"两会"期间网民在"两会"社区与各部委主要领导面对面的交流等,可见网民的参与热情。公民通过政治参与对政治体系提供支持或施加压力,是推进政治民主化的动力之一。2008年胡锦涛做客强国论坛时,他被誉为中国第一号网民,直接与网民对话;2009年"两会"期间,政府与网络的互动更是达到了一个高潮,使公共决策的制定越来越融入更大的民意;截至2013年11月底,我国各大微博平台中的政务微博账号总量已经突破24万[2],许多党政机构利用微博、微信等自媒体平台发布和传播政府信息,与民众进行意见交换,从而为依法执政建立信用基础。十八届三中全通过的《中共中央关于全面深化改革若干重大问题的决定》进一步提出,要发展社会主义民主政治,从各层次各领域扩大公民有序政治参与,充分发挥我国社会主义政治制度优越性。在党和国家政策的引领下,公民政治参与有了更进一步的发展。《中国公众的政治参与观念调查报告(2016)》数据显示,新媒

---

[1]《网络民主:机遇与挑战——胡伟教授在上海交通大学的讲演》,《文汇报》2009年8月22日,第6版。

[2] 刘鹏飞、卢永春、邱若辰:《2013年中国社交媒体舆情发展报告》,https://yuqing.people.com.cn/n/2014/0627/c364391-25210278.html,访问时间:2019年10月20日。

体已成为网民政治参与的新平台,近半数受访者通过网络进行政治参与。

(三)扩展了民主监督的对象和范围

互联网的发展也扩展了民主监督的对象和范围,创造了全新的网络监督模式。在我国传统政治体制之下,体制外监督往往流于形式,这种体制外监督大都是"由政府控制的,根据当前政策的需要而进行的一种自上而下的、有管理的舆论监督,在本质上乃是一种行政/领导监督"[1],因此其监督职能先天不足。自媒体以网络平台为实现条件,深入政府的每一个角落,详细了解政府的每一个细节,从而实现了对政府的快捷、有效的监督。互联网创造了一条更为直接、快捷的监督渠道,使公民能充分发挥民主监督的主体地位,扩大了公民监督的广度和深度,也构成了直接民主的某种形式。从"躲猫猫"事件到"天价烟局长"周久耕被撤事件,互联网已经由最初的发声渠道,演变为监督政府的特别平台。

综上所述,自媒体新型公共领域与古希腊乃至哈贝马斯的公共领域有所区别,也与西方现代所谓的"代表性公共领域"不同,自媒体新型公共领域是一种自组织的向所有民众开放的公共空间。就我国目前的情况而言,由于各种因素的影响,达到这个水平还需要公民和国家以及社会更长足的发展。因为,任何事物都有两面,自媒体表达自由也有其缺陷。比如意见和个体的声音在没有身份的限制下会放大;参与主体众多,鱼龙混杂,优秀意见的识别难度提高,公共舆论的形成更缓慢等。同时也因为,哈贝马斯的公共领域是建立在公众对公共利益普遍关注、公民个体权利意识普遍提高的基础上的,它要求参与者具备一定的理性能力。而当下我国公民素质有待提升,加上网络空间的匿名性、开放式更助虐了民众的人性中非理性的一面,导致呈现于网络空间的是各种失范现象以及频发的侵权现象等,这种虚拟和现实的落差给新型公共领域真正作用的发挥打了折扣。传媒的公共性发挥的程度是与政治环境相关联的,随着我国民主政治的不断发展,法治环境的不断优化,公民个体素养的不断提高,自媒体对于推进民主社

---

[1] 景跃进:《如何扩大舆论监督的空间——〈焦点访谈〉的实践与新闻改革的思考》,《开放时代》2000年第5期。

会进程的作用是可期待的。

五、推动媒体权力消解

媒体被赋予一种权力的理论由来已久。如西方社会普遍将新闻媒介视作与立法、行政、司法相抗衡的一种社会力量，即"第四权力"。这是基于西方社会立法权、行政权、司法权三权分立的背景下，新闻媒介处于社会中一种相对独立的力量而言的。"第四权力"说一直被诟病的是如何保证新闻媒介的中立地位。随着市场化经营的发展以及商业利益的渗透，媒体逐渐失去其赖以独立的意见资源与精神市场而走向没落。但实际上，新闻媒介并不具有权力的能力，因为权力最主要的特征是，当权力受到外界威胁时，有国家强制力做保障，而媒体实际上是不具备这种强制性的。然而媒体具有一定的权威性是不可否认的，尤其是传统媒体时代，媒体的这种权威性主要来自其作为一种公共权利的代表。公共权利起着对公共权力的制约作用，由此人们经常会将媒体视作"匡扶正义"的化身，误认为它是一种权力的代表。正因为媒体具有这种功能，所以才会被社会各界，尤其是政府所关注，世界各种政体之下这种现象概莫能外。中国的媒介体制与西方国家的差异巨大，表现在其除了具有经济功能、社会功能之外，还必须承担政治功能，所以其权威性尤其明显。

（一）"去中心化"特征削弱了信息审核功能

在互联网中，去中心化表现为两个方面，一个是行为主体的自我去中心化，一个是原有社会建构的去中心化。[1] 前者是指，在这个网络舆论空间中，主体的自我认知机能、认知结构得到不断平衡和完善，使得个体能够从自我的中心状态中脱离出来；后者是指，新的网络技术颠覆了传统媒介的单向建构中心化模式。这里主要指后者，即在传统传媒时代，由于体制的原因，主流媒体处于信息制造、发布的权威地位，而大众不过是被动的信息接收者。自媒体传播消灭了传播的"客体"，使人人都成为受众，

---

[1] 郭玉锦、王欢:《网络公共领域建构研究》，北京邮电大学出版社，2015，第116页。

削弱了传统传播视域中的"主体意志",让传统传播下的信息审查制度成为虚设。

对新闻信息的审核自古有之,如我国宋代的"邸报"的"定本"制度[1],清朝《大清报律》的颁行,都是新闻审查制度的具体体现。中华人民共和国成立后,基于意识形态的引导,党的宣传部门对信息负有审核义务。对新闻信息的审核,包括内部"编辑初审、部门负责人复审、主编和总编终审"的"三审制",加上外部的"审读制"。然而,基于网络技术发展的自媒体信息传播要对其内容进行监管何其难矣:首先是信息不需要经过传统新闻审查中的内容审核;其次,信息一经发布便迅速传递扩散,知晓人众多,也不是传统媒体用撤稿、查禁等方式所能阻止和封锁的;最后,信息传播开去以后,因为涉及人数众多,对海量的参与人和当事人也是无法追责的。自媒体的发展,让信息传播的事前审查变得不可能,让事后惩戒变得艰难,从而近乎实现信息发布的零审查。

同时,"去中心化"传播模式下,自媒体自发生产内容,每个人都可能出于自我的分析判断而提供经验、意见,越过了传统媒介充当的信息"把关人"的角色功能,"每个人都拥有一个电台""人人都拥有麦克风",信息在网络中快速流动,已经不是传统传播中政府信息的"一家之言"了。不仅如此,自媒体空间还成为各种话语体系进行博弈和商议的场域,如厦门反PX项目事件中,网民在微博、微信、QQ空间等自媒体平台召集市民在市政府门前"散步",表达反对意见,继而在整个网络中形成网络舆论围观。在这些事件中,人们更倾向听信来自自媒体空间的信息。中华人民共和国成立以来,我国民主法治也有了长足的发展,但随着改革开放和深入改革的推进、新旧体制之间的转换、传统文化和现代化之间的冲突等,矛盾在不断凸显。在迈向社会主义现代化强国的历史关口,我们必须去除传统政治文化特征给我们带来的影响,树立法律的权威,利用新的传播技术,推

---

[1] 邸报出现于我国的汉朝时期,邸是郡在首都长安所设的类似于现在的办事处,其主要职责就是将地方官员的奏章通报给朝廷。邸报即邸发行的报纸。宋建国后,设立"进奏院",作用相当于邸,981年,宋朝将各进奏院进行整顿,收归中央统一管理,正式对邸报的内容实行定本制度。

动社会民主与自由的发展。

（二）"零编辑"模式打破了编辑是否发表的决定权

在传统媒介时代，纸质出版占统治地位。在纸质出版领域，编辑拥有是否发表的决定权。一般程序是，信息（稿件）通过编辑的选稿、组稿、审定、文字整理、校对等环节，最后才能呈现给大众，被人们阅读。如果说，上述新闻审查制度主要出于意识形态的掌控也就是信息的方向性把握，那么编辑的"权力"则是掌控着信息的思想性、创造性等要素。因此，一篇文章的发表除了受政府以及出版机构的管理和控制之外，还受编辑职业眼光和个人喜好的裁剪。可以说，编辑间接地拥有体制性权力（政治性把握一般也是通过编辑来把握，是第一道关口）和直接地拥有专业性权力双重权力。专业性权力表现在，其一是对稿件进行甄别、筛选、组织，其二是对信息的加工、修订，赋予其发表的合法性。这就是传统传播时代的"信息传播的把关人"的编辑工作。传播本身就是思想与权力的结合[1]，编辑处于信息传播的关卡，其对于思想的处置权力可见一斑。把关人制度通过对信息的筛选和过滤，不仅对其真实性和可能性进行审查，同时也对信息的政治性进行审查，即既有把虚假信息和谣言淘汰掉的可能，也存在把不利于政府管理者的信息过滤掉的可能。自媒体信息传播改变了这一格局。如最早的互联网社区论坛，虽然以聊天为主，但敲击在电脑上的文字一键发出即代表思想的表达，不管对错与否、合适与否；博客的开发，使一篇文章、一篇评论，甚至图片、音乐、视频等都可以在个人网页上轻松展现；推特的横空出世把人们带入了微博世界，虽然最多只有140个字，却让信息的生成、发布、转载、反馈等在瞬间得以实现，以及现在微信的实时、互动等功能……这些信息的发布中何曾见到编辑的身影！自媒体传播实现了用户的自主发布，任何人只要连接网络，就能随时随地把自己的所思所想发布出去。尽管这造成了网络信息的良莠不齐，但正因为自媒体传播的原创性和突发性，也不乏很多灵感的闪现，如一些网络语言、网络辩论，便凸显了其创造性特点。在这个过程中，信息的发布实现了零编辑，其价值的

---

[1] 陈卫星：《人与书的故事——李频著〈出版：人学絮语〉序言》，《出版科学》2012年第6期。

实现可期待言论自由市场的自我净化功能的过滤。

（三）平民化特征削弱了传统媒体的集约式话语权

"在官僚制组织中，权力的专有在很大程度上是通过信息垄断获得的，长期以来，官僚制组织中的每一个成员似乎都天生地就懂得去控制信息。"[1] 这种传播是单一的、自上而下的。20世纪以后，随着信息技术的广泛应用，信息技术带来的经济效率和便捷使得权力的权威性有所削弱，这源于信息作为一种垄断资源被打破，在信息革命裹挟下的世界政治改革大潮之中，自媒体传播也发挥了其应有的作用。自媒体传播开辟了更广阔的交流渠道，改变了话语传播的结构和方向，消解了传统媒体的集约式话语权。首先是对传统媒体的话语权主导能力构成挑战。自媒体传播的多渠道和多主体，让公民有了公开表达的意愿和实现其意愿的条件，通过网络这种形式形成网络民意，改变了传统媒体对意见的掌控能力。其次是对传统媒体信息管理能力构成挑战。传统媒体，即便是现在主流媒体的网络平台，在与公众互动方面依然存在巨大欠缺，如不能实时互动、意见反馈信息滞后等。而自媒体的互动性和即时性却已经达到了较高的水平。正可谓"话不说不清，理不辩不明"，通过网络上信息的交流和辩论、信息的筛选和对比等过程，自媒体部分地分担了政府的话语主导权。最后是对主流媒体信息权威性构成挑战。传统传播时代，信息主要是由主流媒体发布的，主流媒体处于信息传播的顶端，凭借其技术和体制优势承担着信息的真实性之责。而自媒体传播所形成的网络信息集散地，让各种信息交流互通，如音频、视频等真实的第一手信息通过移动互联网适时地再现，由于信息提供者多元，信息得到交叉验证，其信息的可靠性有时并不逊色于主流媒体。

（四）扩展了表达自由——媒介近用权

言论自由首先是指个人及公众的意见形成自由，而自由意见的形成必须在一种传播的过程中完成。所以公民应该拥有媒介近用权，这是对言论自由的一种保障。言论和出版的传播载体和工具的多样化以及言论市场的

---

[1] 张康之：《打破社会治理中的信息资源垄断》，《行政论坛》2013年第4期。

垄断化趋势，引发了公民是否拥有信息传播请求权和接近使用媒体权等问题的讨论。美国哥伦比亚大学法学者泽卡利亚·查菲（Zechariah Chafee）教授早在1941年就曾预言：在未来的时代，言论自由所面对之最重要之议题，将是要求政府采取积极之作为，以促进言论或意见之表达。美国另一学者杰罗姆·巴伦（Jerome Barron）教授于1967年在《哈佛大学法学评论》（*Harvard Law Review*）发表的《接近媒体》（"Access to the Press"）一文中明确提出并讨论了接近使用媒体权。但在美国等国家的媒体体制下，新闻是付费使用的，这使得媒体成为富人的专用工具，即使赋予每个人以媒介近用权，对于穷人来说，能够接近媒体也是一种奢侈，当一个人连基本生活都维持不了的时候，还有能力去支付媒体费用来表达自己的意见吗？因此，受众媒体近用权的突破，必须做到大众传播媒介对公众开放。在单向度传播的传统下，大众媒介尽管满足了公众一定的媒介近用权，但与公民的自主信息传播需求还有一定的差距。因此网络的出现对媒介近用权具有突破意义，网络的低门槛、低成本参与和使用媒介使媒介近用权的实现成为可能。这种突破表现在：一是突破了信息传播的渠道限制，信息准入特权在网络传播中被打破；二是对媒介资源不同媒介、不同地域、不同内容条块分割限制的突破，融合了传播的多种功能，并能与传统媒介形成联动效应；三是对传统媒介言论局限的突破，使"沉默的大多数"不再沉默。[1]每条对新闻的留言和评论都是公民实现其媒介近用权的方式之一。还有学者认为，公民甚至实现了网络媒介的创办权。在自媒体环境下，如果一个自媒体算是一个媒介的话，则媒介创办权实现了大大的提升。因为，拥有一台电脑、一部手机，对我国公民来说已经不是一件难事，任何人只要能上网，就能成为一个个体媒介。网络实名制在一定程度上控制了个人媒体随意设置所带来的问题。总体来说，个人媒体的崛起，对传统媒体的权力带来一定的冲击。

---

[1] 邓瑜：《媒介融合与表达自由》，中国传媒大学出版社，2011，第133页。

六、加速社会治理转型

信息传播方式的革新改变了言论表达的方式。"在很大程度上，民主演进的历史就是一部争取表达自由的历史。"[1] 传播技术—表达自由—民主，三者之间存在一定的关联：传播技术的发展，本质上是人类信息储存方式的革新，是人类表达技术和手段的进步，是表达自由的扩张；[2] 表达权从被禁止到不断地被法律确认，其演进历史是一个国家或社会民主的发展史，同时也是该政治社会及其治理理念转变的历史，在这个过程中，传播技术的发展起到了重要作用。"近代民主制度建立后，表达才从特定等级享有的特权转变为具有普遍性的权利，表达的主体从贵族扩展到了平民，表达的方式从选举等中心化的表达发展到请愿、集会、结社等边缘性的表达，中心—边缘的意见表达结构最终得以形成。"[3] 在这种表达结构中，选举权以及选举行为是中心化的表达，而请愿、集会、结社等表达权则属于边缘性表达。这种表达结构正好契合了传统的信息传播方式：权力中心制作和发布信息，权力机构把关和筛选信息，社会公众被动接受信息——即使拥有请愿、集会、结社等这样的表达权，也属于事后参与和反馈，其行为的实际效果还有赖于权力中心的回应。相应地，这种表达结构是以管理型的社会治理模式为支撑的。而自媒体的发展，使信息的传递和聚集变得简单，让边缘性表达获得空前发展，中心化逐渐被削弱，面对网络上的信息洪潮，政府不得不采取应对策略，在这个过程中，社会治理模式逐渐被改变。有学者指出，从大的历史进程来看，推动社会转型的基本方式是治理的改进。[4] 所谓"治理"，就是社会中不同层级、不同领域、不同个体共同参与社会管理。政务自媒体似乎吻合了这样一种要求，它就是民众、政府、社会组织等多元主体共同参与之下的产物，是多元化治理的表现形式，从而成为推动社

---

[1] 张康之、张乾友：《论意见表达体系的形成与演变》，《社会科学战线》2009 年第 10 期。
[2] 何贵忠：《版权与表达自由：法理、制度与司法》，人民出版社，2011，第 151 页。
[3] 邵娜：《网络时代意见表达结构及其社会治理效应》，《理论月刊》2015 年第 5 期。
[4] 刘畅：《微博问政的多元学理视角观照》，《当代传播》2012 年第 3 期。

会治理转型的利器。

（一）执政理念：从管理到引导

执政理念是指建立在对执政规律认识基础上的执政党的执政宗旨和指导思想。执政理念决定着执政主体治理国家和社会的模式。民主、法治等理念经过近代有识之士传入中国，在融合了中国特定传统文化之后有所发展，并形成了有中国特色的社会主义民主形式。

自媒体时代公民广泛参与社会管理的趋势，要求一个更灵活、协调性更强的政府。自媒体意见表达所带来的公共生活参与方式上的灵活、便捷以及参与主体上的平等，逐渐将国家治理推向了多元化治理方向。党的十八届三中全会通过的《中共中央关于全面深化改革若干重大问题的决定》强调，要推进国家治理体系和治理能力现代化。治理模式从以往的管理到现在的治理，正是体现了党的执政理念的根本转变。

（二）政策议程：从自上而下到自下而上

戴维·伊斯顿在《政治生活的系统分析》中认为，政治过程就是公民和政府之间的信息（公共意见和民意）输入、输出和反馈的过程。在此基础上，美国政治学家阿普特则将这种过程分为民主决策模式和精英决策模式。在民主决策模式政治体系中，政治输入的主体是社会系统，由社会系统向政府输入支持和要求等，然后由政府进行转化，随后输出、反馈等；而在精英决策模式政治体系下，政府创设一项制度或决策，是由政府进行政治动员，驱动政治社会化进程，从而引起社会的反应和变化。"而在中国，传统的政治过程更倾向于精英主导推动下的'内输入'模式，即政治决策是由政府和精英主导的自上而下的单向流动模式，大部分民众由于制度化渠道不足而被排除在公共决策之外，成为'沉默的大多数'。"[1] 这种模式的结果是，公民政治参与的渠道狭窄，利益表达机会稀少，政府起着主导和控制作用。网络开创了一个新局面。自媒体意见表达机制的建立，为公众意见表达架起了沟通的桥梁，使得公众意见得到充分表达和汇集，最终形

---

[1] 郭小安：《网络民主的可能及限度》，中国社会科学出版社，2011，第209页。

成一定的公共议题。当这种由网络民意促成的公共议题形成一定的网络舆论之后，政府的议程设置在信息公开的要求下必须做出相应的回应，从而逐渐推动公共决策模式自下而上的转型。

（三）公共舆论：从权力意志到公共意志

公共议程的设置从传统的自上而下到自下而上的改变，一定程度上是受公共舆论的影响。公共舆论是指一定数量的公民对某一议题所形成的一致的意见或看法。传统"中心—边缘"表达机制之下，舆论的走向是被权力中心掌控的，政府左右着公共舆论的方向，公众没有表达权或者表达权薄弱。在表达权享有不充分的情况下，即使形成公共舆论，我们也很难说这是公众的意见。网络上的公共舆论是指经过网络舆情酝酿、发酵，杂乱的意见最终形成一种合意或者有影响力的意见。网络上的公共舆论脱离了权力中心的掌控，具有一定的真实性。当网络舆情在聚集和发酵之时，多种意见叠加，多种情绪升温，舆论的走向和控制已经不是传统媒介之下那么简单，而是逐渐催生出更广泛的公众关注和信息的更进一步公开、透明，此时正确或公正的民意才逐渐形成。同时，不可否认，网络中具有某种程度的"广场效应"，人们在公共聚集场合，经常表现出与日常生活中不尽相同甚至完全相反的面貌，这是一种被无意识统治下的大众心理现象。产生这一心理特征的原因是个体在群体中时自我意识会弱化或消失，无意识成为意识里的统治力，从而形成某种群体性思想，构成网络围观的力量。当这种力量是正向的时候，会成为一种舆情监督力，改变着政策的方向和执行力。

第三章 自媒体言论表达的双重性

第一节 自媒体言论表达积极面相

2016年4月19日，在北京召开的网络安全和信息化工作座谈会上，习近平总书记指出："互联网是一个社会信息大平台，亿万网民在上面获得信息、交流信息，这会对他们的求知途径、思维方式、价值观念产生重要影响，特别是会对他们对国家、对社会、对工作、对人生的看法产生重要影响。"网络的发展一日千里，2019年2月，CNNIC（中国互联网络信息中心）发布了第43次《中国互联网络发展状况统计报告》。该报告显示，截至2018年12月，我国网民规模达8.29亿，全年新增网民5653万，互联网普及率达到59.6%，较2017年底提升了3.8个百分点（见图1）。移动通信方面，同期我国手机网民规模达8.17亿，全年新增手机网民6433万；网民中使用手机上网的比例由2017年底的97.5%提升至2018年的98.6%。这是智能手机拉动了网民规模上升速度，自媒体客户端电脑版被开发出来以后，其数量更是庞大。由此可见，自媒体已经成为国民获取信息的主要渠道。

图1 网民规模和互联网普及率

一、自媒体成为国民获取信息的重要渠道

目前，自媒体已经成为国民参与社会、了解信息的主要渠道。

（1）以微博、微信为代表的自媒体用户不断增长，日均使用率不断提高。据CNNIC统计，我国网民数量近几年显著提高，在此基础上，网站、网页、移动互联网接入流量与App数量增长迅速，尤其是移动互联网接入流量自2014年以来连续增长。据第45次《中国互联网络发展状况统计报告》，我国9.04亿网民中，手机网民占比达99.3%，比2018年提升了0.7个百分点。另据新浪微博数据中心发布的《2018微博用户发展报告》，截至2018年底，微博月活跃用户数已经达到4.62亿。这一系列数据表明，我国网民规模在逐渐提升，上网已经成为大部分公民的日常行为。随着移动互联网的发展，手机日渐成为网民上网的主要设备，一部手机便是一个媒体，微博、微信、QQ主页、论坛等多种形式的自媒体都可以在一部智能手机上实现。如微博，最初以小众力量显示在网络中，而当移动互联网在技术上成熟以后，借助智能手机的功能支持，微博用户迅速激增；再如微信，2011年1月21日由腾讯公司首先在移动互联网上推出后，其可语音、可文字、可视频、可图片的即时通信方式以及支持多人群聊的功能，使之一上市便备受用户青睐，2015年微信用户已经覆盖90%以上的智能手机。同时，网民各类互联网应用的使用率发展势头良好，据CNNIC统计，2018年即时通信用户规模为79172万，使用率为95.6%，比2017年增长9.9%（见表1）；其中，手机即时通信用户规模为78029万，使用率为95.5%，比2017年增长12.5%。可见移动互联网的实现对自媒体的迅速发展功不可没，可以说，移动互联网正塑造着全新的社会生活形态，潜移默化地改变着网民的日常生活。

表1 2017.12—2018.12 网民各类互联网应用的使用率

应用	2018.12 用户规模(万)	2018.12 网民使用率	2017.12 用户规模(万)	2017.12 网民使用率	年增长率
即时通信	79172	95.6%	72023	93.3%	9.9%
搜索引擎	68132	82.2%	63956	82.8%	6.5%
网络新闻	67473	81.4%	64689	83.8%	4.3%
网络视频	61201	73.9%	57892	75.0%	5.7%
网络购物	61011	73.6%	53332	69.1%	14.4%
网上支付	60040	72.5%	53110	68.8%	13.0%
网络音乐	57560	69.5%	54809	71.0%	5.0%
网络游戏	48384	58.4%	44161	57.2%	9.6%
网络文学	43201	52.1%	37774	48.9%	14.4%
网上银行	41980	50.7%	39911	51.7%	5.2%
旅行预订	41001	49.5%	37578	48.7%	9.1%
网上订外卖	40601	49.0%	34338	44.5%	18.2%
网络直播	39676	47.9%	42209	54.7%	-6.0%
微博	35057	42.3%	31601	40.9%	10.9%
网约专车或快车	33282	40.2%	23623	30.6%	40.9%
网约出租车	32988	39.8%	28651	37.1%	15.1%
在线教育	20123	24.3%	15518	20.1%	29.7%
互联网理财	15138	18.3%	12881	16.7%	17.5%
短视频	64798	78.2%	-	-	-

（资料来源：中国互联网络信息中心）

（2）自媒体已经成为国民了解信息和发表意见的主要渠道。目前，自媒体已经成为热点事件曝光和发酵的主要信源。人民网舆情监测室对2015年1月1日至2015年10月31日的500件社会热点事件的统计表明，其中44.4%的事件由互联网披露而引发公共关注，可以明确源发于"两微一端"的有64件，占12.8%；[1]艾瑞咨询公司调研样本数据显示，2016年1月至3月，微信、微博等社交媒体已成为新媒体用户获取新闻资讯的主要方式（见图2）。这些数据表明，微博、微信等自媒体已经成为人们生活中须臾不可离开的交流平台。另一个突出表现是，据CNNIC发布的第45次《中国互联网络发展状况统计报告》，截至2020年3月，我国即时通信用户规模达8.96亿，较2018年底增长1.04亿；搜索引擎用户规模达7.50亿，较2018年底增长6883万；网络新闻用户规模达7.31亿，较2018年底增加5598万。即时通信、搜索引擎和网络新闻以及社交应用等作为网络信息的传播平台，具有"热点新闻、舆论导向"等功能，是用户获取信息、发表意见的主要渠道，这些数据也在一定程度上表明，对这些平台的使用日益加深和强化着用户获取信息以及表达诉求的习惯和依赖。

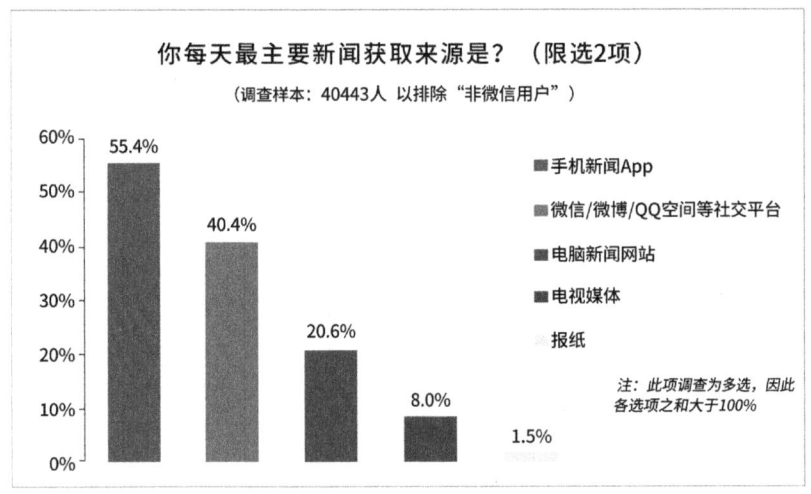

图2　2016年1月至3月中国公民获取新闻的方式统计图

（数据来源：艾瑞数据中心）

---

[1] 人民网舆情监测室：《2015年中国互联网舆情分析报告》，http://yuqing.people.com.cn/GB/392071/401685/index.html，访问时间：2019年10月23日。

（3）自媒体阅读占据公民阅读时间的首位。阅读是公民获得知识、提升素质、培养理性、明辨是非的主要方式。目前网络阅读已经部分地改变了国人的阅读习惯，传统的纸质阅读依赖越来越少，除了资讯的需求之外，国人对专业知识的获取方式也在转变。据第十五次全国国民阅读调查，2017年我国成年国民各媒介综合阅读率为80.3%，其中，手机和互联网成为我国国民每天接触媒介的主体，手机接触时间最长，为80.43分钟，微信阅读时长为27.02分钟。[1] 同时，人民网舆情监测室通过对主流媒体、市场化媒体、政务机构、企业、意见领袖、行业自媒体微信号进行监测，选取500个最具舆论影响力的微信公众号作为样本进行研究，发现在日均被阅读数上行业自媒体遥遥领先（见图3）。

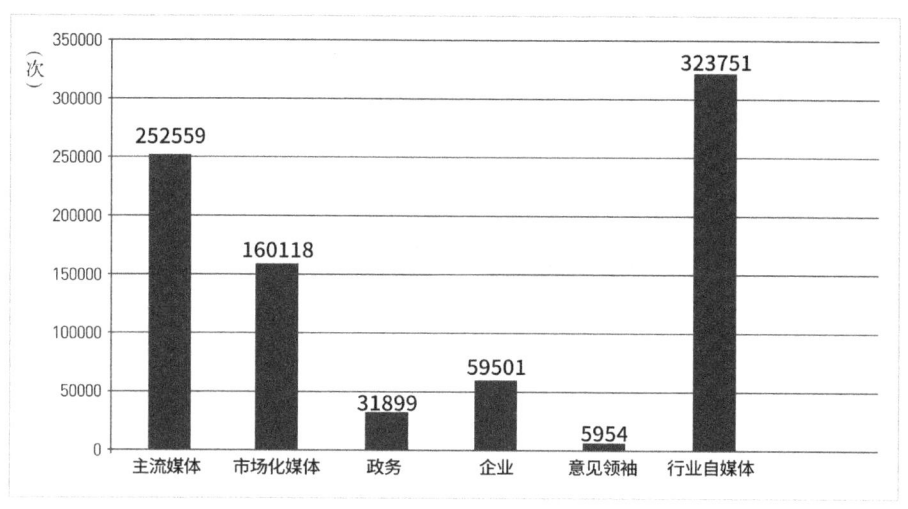

图3　2015年各类媒体微信公众号被阅读数统计图

（资料来源：人民网舆情监测室）

另据《2018中国移动互联网春季报告》，我国网民每天花在观看短视

---

[1] 刘彬：《数字化阅读超过半数 有声阅读成新增长点》，《光明日报》2018年4月19日，第1版。

频上的时间超过 1 小时。[1] 这说明，随着社会节奏的加快、生活方式的转变和知识付费的普及，网络音频视频成为网民获取知识的一种新的方式。这也带来了网络音频用户规模的增长，喜马拉雅 FM、荔枝和蜻蜓 FM 三家主流在线音频应用活跃人数分别达到 78939 万人、39138 万人、31583 万人，84.7% 的中国音频用户收听网络音频时长达 11—60 分钟。[2] 音频类知识付费产品受到消费者青睐的主要原因是用户在使用音频产品时只需要调动听力。这种知识获取方式极大地方便了一、二线城市中等收入的年轻用户群体，他们能够充分利用上下班等候和乘坐公交、地铁过程中碎片化、多元化的在途生活场景的碎片化时间。[3] 知识付费产品的发展，也说明大众学习方式的改变，除了纸质书籍，如今自媒体也是公民每天获取知识的重要途径之一。就自媒体体系内部而言，各种不同形式的自媒体占市场的份额也有所不同。艾媒咨询数据显示，2016 年中国各大自媒体平台中，微信公众号以 63.4% 的绝对优势领衔自媒体行业，微博自媒体平台则成为用户的第二渠道选择，占比为 19.3%（见图 4）[4]，尤其是 2020 年新冠肺炎疫情防控期间在线复课覆盖近 3 亿用户。[5] 这说明以自媒体平台为支撑的线上教育将可能成为人们未来的学习方式。

---

[1]《2018 中国移动互联网春季报告》由国内知名大数据商 QuestMobile 于 2018 年 4 月 18 日发布，http://b2b.toocle.com/detail--6445708.html，访问时间：2019 年 10 月 20 日。

[2] 艾瑞咨询：《2018 年中国网络音频全场景发展研究案例报告》，http://report.iresearch.cn/report/201809/3272.shtml，访问时间：2019 年 10 月 20 日。

[3] 唐绪军主编《新媒体蓝皮书：中国新媒体发展报告 No.9(2018)》，社会科学文献出版社，2018，第 139 页。

[4] 艾媒咨询：《2017 年中国新媒体行业全景报告》，http://www.sohu.com/a/131765475_461222，访问时间：2019 年 10 月 20 日。

[5] 艾媒咨询：《2020 年春季中国学校在线复课效果评估专项调研报告》，http://www.sohu.com/a/379321752_533924，访问时间：2020 年 7 月 5 日。

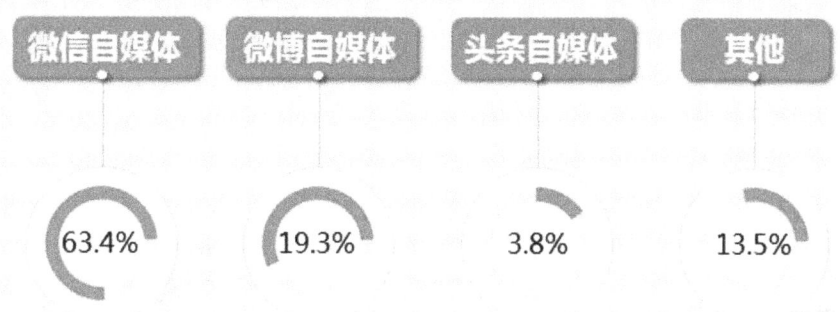

图 4　2016 年中国自媒体平台市场份额占比分布图

（资料来源：艾媒调查）

由此可见，相比传统的单向传播媒体，自媒体信息的海量化、速度化、互动性等特点，使其成为国民获得咨询、意见表达的重要渠道。人们通过自媒体参与社会公共生活，无论对于官方还是民间，它都成为一种信息传播、意见表达的场域。

二、政务自媒体成为政府沟通民意的桥梁

政务自媒体，根据《国务院办公厅关于推进政务新媒体健康有序发展的意见》（国办发〔2018〕123 号）的定义，是指各级行政机关、承担行政职能的事业单位及其内设机构在微博、微信等第三方平台上开设的政务账号或应用，以及自行开发建设的移动客户端等。政务新媒体是移动互联网时代党和政府联系群众、服务群众、凝聚群众的重要渠道，是加快转变政府职能、建设服务型政府的重要手段，是引导网上舆论、构建清朗网络空间的重要阵地，是探索社会治理新模式、提高社会治理能力的重要途径。2016 年 8 月，国务院印发的《关于在政务公开工作中进一步做好政务舆情回应的通知》（国办发〔2016〕61 号）指出，各地区、

各部门要适应传播对象化、分众化趋势，进一步提高政务微博、微信和客户端的开通率，充分利用新兴媒体平等交流、互动传播的特点和政府网站的互动功能，提升回应信息的到达率。2016年11月，国务院印发《〈关于全面推进政务公开工作的意见〉实施细则的通知》（国办发〔2016〕80号），首次明确要求对涉及特别重大、重大突发事件的政务舆情，最迟要在5小时内发布权威信息，并在24小时内举行新闻发布会，有关地方和部门主要负责人要带头主动发声。正是政府部门出台的一系列相关政策，并提出具体要求，催生了大量的政务新媒体用户，并加快了政务新媒体的功能建设。

（1）微信城市服务。微信自产生以来，其所具有的亲民功能备受广大民众和政府管理人员的青睐，政府微信公众号呈猛增势头。据四川省政府联合其他部门发布的《微政四川——2019年四川政务新媒体发展观察报告》，至2019年10月31日，全省54个省直部门已全部开通政务微信账号，全省1563个政务微信账号数量比去年的1124个增长了28%，显示出良好的发展势头。窥一斑而知全貌。据CNNIC发布的第41次《中国互联网络发展状况统计报告》，截至2017年12月，我国在线政务服务用户规模达到4.85亿，占总体网民的62.9%，其中，通过支付宝或微信城市服务平台获得政务服务的使用率为44.0%，政府微信公众号使用率为23.1%，政府网站、政府微博及政府手机端应用的使用率分别为18.6%、11.4%和9.0%。微信城市服务[1]累计用户数2017年底达4.2亿，2018年底达5.7亿（见图5）。

---

[1] 微信城市服务是政府政务民生服务在微信上的统一服务平台，市民可以在这里便捷地办理医疗、交通、交管、社保、公积金、公安户政、教育等业务。2014年微信城市服务首先在广州实现。

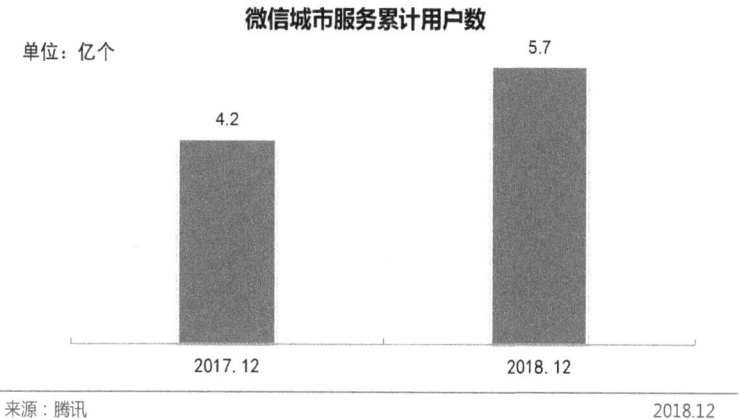

图 5　微信城市服务累计用户数

（2）政务微博。据《2018年新浪政务微博报告》，截至2017年底，经过新浪微博平台认证的政务机构微博达到173569个，其中政务机构官方微博134827个，公务人员微博38742个；至2018年6月，全国政务机构微博数量已达137676个（见图6）。截至2018年6月，机构类政务微博中数政府、社会团体、党委、检察院等开设得最多，其中，政府开设的政务微博数量最多，达89832个（见表2）。

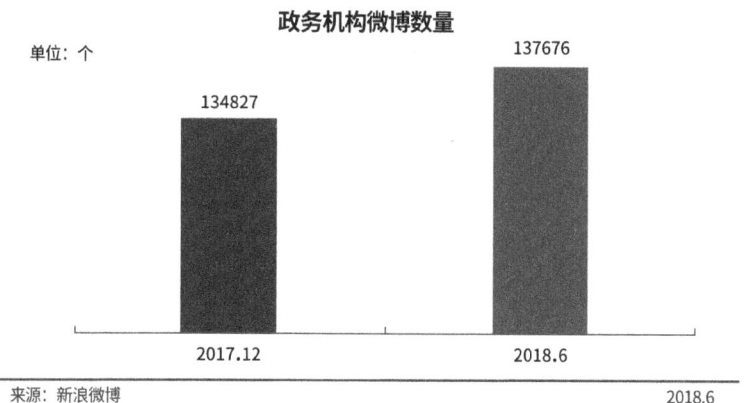

图 6　政务机构微博数量

表 2　机构类政务微博领域构成

一级分类	总数（个）	占比	二级分类	总数（个）
政府	89832	65.2%	公安	19476
			外宣	11053
			基层组织	8030
			卫生健康	5002
			交通运输	2898
群团组织	34141	24.8%	团委	30833
党委	5340	3.9%		
检察院	3725	2.7%		
法院	3595	2.6%		
大人	324	0.2%		
政协	199	0.1%		
其他	520	0.4%		
总数	137676	100.0%		

（数据来源：新浪微博）

（3）政务头条号[1]。截至 2017 年 12 月，各级党政机关开通政务头条账号 70894 个，较 2016 年增加 36811 个；截至 2018 年 12 月，共有政务头条账号 78180 个，相比 2017 年的增长有所减缓（见图 7）。其中，从阅读量来看，辽宁省以 18 亿的阅读量排在全国首位；从发文量来看，山东省以 35 万的总发文量排在全国首位。

（4）政务 App。与政务微信相比，政务 App 更全面。政务 App 不仅可以实现多网联动，如线上和线下联动、多个政务 App 数据联动、政务 App 与第三方平台数据联动等，还能够统一架构，集中部署，有利于推进、带动政务移动业务的全面开展，从而更好地提高服务水平，更便捷地反馈政务信息。

---

[1] 政务头条号是指今日头条的政务公共信息发布平台。

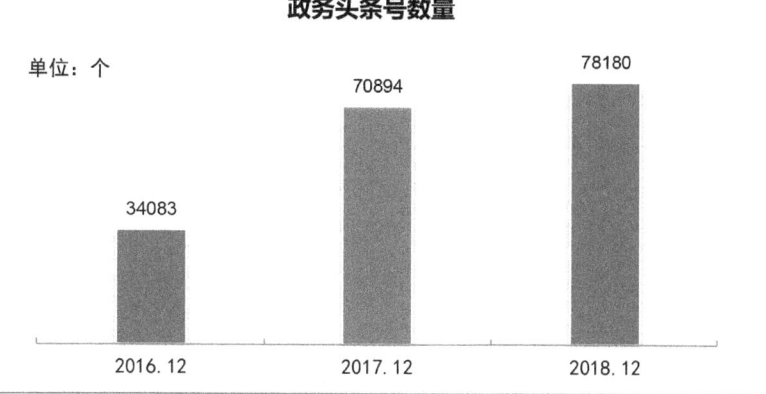

图 7　政务头条号数量图

以上政务新媒体在政务民生领域承担着政府"联系群众、服务群众、凝聚群众"的重要职能，发挥着政府"深化改革、转变职能、创新管理"的重要作用。大数据、人工智能技术与政务服务不断融合，使政务服务逐步走向智能化、精准化和科学化。如今，我国政务服务线上化速度明显加快，网民线上办事使用率显著提升。微信城市服务、政务微信公众号、政务微博及政务头条号等政务新媒体及服务平台不断扩张服务范围，上线并完善了包括交通违法、气象、人社、生活缴费等在内的多类生活服务，并向县域下沉。

政务自媒体的运用，极大地改善了过去政府工作遭遇网民"围观""吐槽"的被动局面。在这些政务自媒体中，首先是公安系统独占鳌头。就公安微博而言，不仅数量众多，发言数也位于首位，被网民关注的频率也很高，如2010年8月"平安北京"开通，仅20天访问量就突破210万次。[1] 公安微博在发布信息、警情通报、安全常识推广、突发事件预防等方面作用突出。其次是党政宣传部门。作为政策宣传、信息发布的主要窗口，党政自媒体发挥着重要作用，尤其是东南沿海地区的党政自媒体占据了党政宣传部门自媒体地域分布的绝对优势。这可能是因为沿海地区经济发展水

---

[1] 周滨：《"微博问政"与舆情应对》，人民出版社，2012，第98页。

平带动新的发展理念以及政府部门的管理理念与时俱进。最后是司法系统。如司法局、法院、检察院等自媒体在舆论案件的案情发布、司法文书的公布以及涉法类舆情的引导方面起到了重要作用。可见，政务自媒体在发布政情信息、问责问题官员、对决策执行情况进行反馈、对争议决策的讨论等方面发挥了重要作用，已成为政府了解民意不可或缺的桥梁。

政务新媒体作为一项政务公开和便民服务的平台也有其局限，如在技术上还存在后期维护乏力、隐私保护不足等问题，在内容上还存在传播力有限、内容不规范等问题，在制度建设上还存在缺乏科学的政务新媒体评价体系、缺乏相关人才、未将先进经验制度化等问题。[1] 因此，政务新媒体的发展急需通过缩小部门差距、实现政务一体化建设、提升议题策划能力、坚持有问必答、直面网络舆情、进行人格化服务等举措，提升政务新媒体的整体运用能力。

三、自媒体舆论成为公民行使监督权的新方式

习近平总书记在2016年网络安全和信息化工作座谈会上指出，要让互联网成为领导干部同群众交流沟通的新平台，成为了解群众、贴近群众、为群众排忧解难的新途径，成为发扬人民民主、接受人民监督的新渠道。自媒体作为社会监督的新渠道，确实发挥了它特有的作用。其特殊表现就是网络反腐。由于自媒体传播的开放、快速、广泛等特点，自媒体在反腐过程中表现出独特的优势，逐渐成为公众行使监督权的新方式。2009年，时任南京市江宁区房产局局长的周久耕因发表"将查处低于成本价卖房的开发商"而引起网民关注，进而被网民发现其佩戴名表、消费名烟等网络图片；2011年，江苏省溧阳市卫生局局长谢志强因"微博直播开房"事件引起网民关注，相关微博被大量转发；2012年，时任陕西省安监局党组书记的杨达才，因在特大交通事故现场微笑而被网民关注，进而被网民发现其佩戴多款名表的网络图片；等等。这些案件大都是由于当事人的出位言行，

---

[1] 清博大数据：《2017上半年政务新媒体发展态势报告》，http://www.sohu.com/a/160017504_114751，访问时间：2019年10月1日。

引起公众的关注和怀疑，激起公众的愤怒情绪，进而激发了公众的监督热情，搜索、揭露其相关信息。这些案件无一不是凭借自媒体传播便捷、开放、自由等特征，让信息迅速在网络空间发酵，从而推动了腐败案件的发现——调查——查处，提高了反腐工作的效率。

自媒体反腐具有显著的正能量，它通过非制度化的途径，倒逼政府介入腐败案件的查处，从而加速体制内反腐的理性化和制度化进程。但是，这种"选择性反腐"也有其弊端，从某种角度上"选择性反腐"是对法治平等原则的破坏，甚至腐败者因此而存侥幸心理；同时，这种反腐因缺乏立法的支撑而存在一定的风险，如举报者的言论一旦被证明不实将有可能承担诽谤责任。

不可否认，自媒体确实为普通百姓提供了一个便捷的交流平台，但随着该领域的发展以及一些新技术的不断开发，如短视频，传播者或贪图一时的快感，或出于利益的驱使，或为了达到某些不可告人的目的等，导致网络上乱象丛生，如篡改党史国史抹黑国家形象、恶搞诋毁民族英雄人物、制造谣言传播虚假信息、骗取流量充当标题党扰乱公共秩序、传播低俗色情违背公序良俗，甚至挑战法律底线敲诈勒索、侵犯版权等。关于自媒体言论乱象下文将一一陈述。

第二节　自媒体言论表达消极面相

福柯曾经指出，人类的一切知识都是通过"话语"获得的。一旦拥有了话语权，受众便开始摆脱长期处于被传递、被接受的压抑状态，慢慢有了自我意识的觉醒，其权利意识和诉求冲动日益膨胀和放大。"但是，自媒体时代的意见表达，也可能由于缺乏法律与社会道德规范，演变为个人发泄怨愤的社会冲突。"[1] 在本章的第一部分，笔者论述了以微博、微信为代表的自媒体的正向功能对社会发展的推动作用，但同时我们也必须意识到，

---

[1] 于建嵘：《自媒体时代公众参与的困境与破解路径——以2012年重大群体性事件为例》，《上海大学学报》（社会科学版）2013年第4期。

微博、微信这类新事物虽然具有提高社会信息流动速度、反映民意、服务社会、监督公权力运行等优势，却也相继凸显出其伦理、道德等方面的问题。所以说，自媒体是一把双刃剑，我们在充分发挥其保障人权、推进民主政治进程的同时，也必须回避其可能带来的风险。2016年11月的美国总统大选给了我们深刻的启示：特朗普当选总统对于美国政界精英来说是意料之外，然而从自媒体的角度来说却有其必然性，因为我们已经不能再用传统思维来衡量互联网，而特朗普正是在一定程度上利用或者说迎合了网络传播的虚假新闻、极端情绪传播等特征，充分利用脸书、推特等自媒体，获得了这部分非理性群体的选票支持。由此可知，自媒体表达乱象不仅影响网络空间秩序，对现实空间乃至政治生态同样有着深远的影响，因此，对这种现象及其原因进行深入研究，是规范网络空间秩序的前提。学界对自媒体意见表达乱象的研究主要有网络申诉、网络诽谤、网络跟风、网络集群等分类，笔者将在整合这些资料的基础上进行综合分析，把这种乱象表达分为以下几类。

一、虚假性表达[1]

在中国传统社会中，人们拥有的"说"的权利不是很充分，既缺乏言论表达的空间和条件，又缺乏言论表达的政策和法律支撑。自从网络成为人们可以随意发表意见的场域，公众表达之意愿似乎日益高涨，人们仿佛就是为肆意享有这个说话的权利一般，而不管表达之内容是否真实、适当。于是，作为信息集散地的网络，也成为虚假信息的温床。虚假性表达主要表现在以下几个方面。

（1）网络谣言。一些网民针对公众比较关注、能够引起同情的事件如解救儿童、抢孩子、地震等信息编造网络谣言，如2010年山西地震谣言、各地风起的抢盐风波等，造成了一定的社会和经济秩序混乱；或者利用自己在网络上的知名度和关注度，为谋取某种利益而肆意造假，污染网络环境，如2013年被查处的"秦火火"案件、从2003年至2014年在广东"屡

---

[1] 向长艳：《自媒体意见表达乱象、原因及治理》，《新闻爱好者》2017年第6期。

禁不止"的"吃婴儿汤"的谣言等；更有甚者，捏造"世界末日论"等，引起民众心理上的恐慌。据《人民日报》报道，仅2012年3月中旬到4月中旬，就清理出了21万条各类网络谣言。各类谣言层出不穷，涉及各个领域，其中针对公民的诽谤，是对公民名誉权和隐私权的侵犯；而针对公共事件的捏造及中伤政府或机构、组织等谣言，更是和谐社会之患。

（2）网络假民主。网络假民主也被称为"民主哄客"，是指利用网民的政治参与热情和网络参与便捷化的特点，对他人施加影响，左右他人意见表达，以期主导网络社会话语权，把控网络舆论导向的网络群体。"民主哄客"深谙信息传播和舆论引导规则，懂得网络操作技术，他们研究政策走向，以匿名或实名的方式就某一项政策设置议题，制造舆论热点，或借由对某公众人物的只言片语断章取义为舆论造势，掌控舆论走向。在这个过程中，无目的的个体意见表达逐渐被他们引导和利用。"民主哄客"主导下的网络民意，实际上并不是大多数网民的意见，甚至部分真实意见也被这种假民主所掩盖。网络中间商或者社会强势阶层往往可以借助于网络技术的便利，利用网络的虚拟性特征，雇佣"网络水军"等对网络表达进行操控，使真实的网络话语权被掩盖在网络技术的操控之下，异化为"网络水军"的言论，导致真实的公众话语权被架空。网络假民主加大了网络政治参与中的非理性因素形成的比例，阻碍了网络政治参与的健康发展。

（3）网络虚假信息。如果说网络假民主主要以政治性表达为主的话，网络虚假信息则大多指向商业利益。一些网络水军受雇于某些网络公司或企业，为了谋取不正当利益，运用网络手段在自媒体平台上发帖造势，采取暗中删帖或故意发布所谓权威观点的方式影响公众的判断力；有些所谓的网络"大V"或意见领袖，凭借自己享有的网络公众人物的特殊优势，或为了博得关注，哗众取宠发布虚假信息，或为了左右网民思维，混淆视听，扰乱公共秩序；一些商业竞争对手，在自媒体平台上诬陷攻击诽谤竞争对手，严重影响了网络商业竞争规则，使网络信息可信度大打折扣；更有甚者，一些商家以社会公益为幌子，打着公共物品消费的旗号来销售自己的产品，从而谋取私利，严重损害网络商业规则。

以上分类并非边界清晰，往往一条信息可能既是虚假民意，也指向商业利益。2019年初刷屏朋友圈的出自咪蒙旗下公众号"才华有限青年"的

《一个出身寒门的状元之死》和 2019 年 5 月被疯传的《北大学霸弑母求婚的"妓女"爆料》，都被证明是虚假信息，是自媒体作者虚构的情节，编造的截图。散布这种虚假信息，作者一来是为了博眼球、赚流量，二来是通过读者打赏而敛财，如《一个出身寒门的状元之死》文中说死者的妹妹正上高中，交不起学费，《北大学霸弑母求婚的"妓女"爆料》希望公众打赏，以支付吴谢宇的律师费用。这些虚假信息被拆穿后，一时舆论哗然，引起网民强烈反感，这表明网络虚假信息为公众所深恶痛绝。另外，从众表达、跟风式表达，或因为数字鸿沟导致的非真实表达，都是基于自我的非真实判断的表达，都可称为虚假性表达，只是这类表达并非带有主观上的恶意，而是由于表达者的无知或信息不对称造成的，是在庞大的繁盛的网络掩盖下的一种虚假。

二、情绪性表达

情绪性表达主要是指网络情绪的爆发和宣泄，表现在语言上的谩骂和情感上的宣泄。自媒体传播的自主性、平民化、开放性等特征，使网民从自我视角出发，站在自我的利益立场来反映问题、陈述想法。对于普通网民而言，带有明显个人色彩的语言表达更多地体现出一种非理性思维。在这种非理性思维驱使下，辅以自媒体的隐匿性特征，很容易产生极端情绪。网络的匿名性已经成为人们宣泄不良情绪的挡箭牌，哪怕平时看起来非常平和的话题一旦放在网上，都有可能立即招来谩骂、攻击。同时，在这个竞争激烈的社会，人们要为自我的压力寻找一个出口，而网络正是宣泄不良情绪成本最小的地方，于是网络就成为这种情绪性表达的首选场所。最先提出"自媒体"概念的美国学者丹·吉尔默曾指出："草根新闻的兴起伴随着严重的道德问题，包括真实性和公然欺骗。"[1] 正是网络言论先天存在的劣根性，使普通民众很容易演变成网络暴民。在政府层面，对于公众的情绪化、粗俗化、偏激化的非理性表达，如果政府为了稳定大局而在此时

---

[1] 转引自陈进华、张寿强：《论自媒体传播的公共性及其道德底线》，《江海学刊》2012 年第 6 期。

与公众缺乏继续沟通和互动，一方面，会使政府行为陷入被动局面；另一方面，公众的狂躁情绪可能导致事实上的违法行为发生，为公权与私权相冲突提供可能，这反倒更加重了政府与民众的对立情绪，带来恶性循环。非理性表达主要表现在以下几个方面。

（1）无理由的网络谩骂。网络这个虚拟的空间在隐蔽了参与者身份的同时，也隐蔽了参与者现实生活中的道德缺陷，部分网民在网络中肆意谩骂、诋毁他人，并享受由此带来的快感。一项调查显示，近八成的社交用户认为自己在网络上变得粗俗，一言不合就爆粗口，远不如现实生活中表现得礼貌和文明。如果网络上这种无理由的谩骂、诋毁和攻击现象只发生在一小部分网民身上，或者只在网络上某些区域中显现，或许我们还可以用网络道德来审视，然而当下网络谩骂成风，且有日盛之势，这只能说明现实社会中不良情绪引导机制的缺失。

（2）发泄私愤。发泄私愤主要表现在以下几个方面：一是利用网络这个信息自由平台，不少网民把生活情绪、工作情绪带到网络空间，肆意宣泄；二是当网络上的某些事件切合了某些人的某种感触，引起其情感共鸣，网民便参与其中发表一些带有倾向性或有失偏颇的言论，肆意渲染；三是有的网民觉得自己在现实生活中遭遇了不公平待遇，便把不满情绪宣泄到网上，肆意扩大；四是有的网民出于自身的被剥夺感、社会不公感、阶层隔离感等带来的苦闷和绝望以及对贪腐现象的憎恶等，在现实中无处倾诉，便在网络上寻求慰藉，遇到网络上相同信息的传播，便集聚和转发。这些不良情绪在网络中很容易扎堆、聚集，成为公共事件形成的潜在因素。

（3）民意审判。当下网民的权利保护意识不断提高，对于涉及公民的权利保护事件或公众关注度较高的涉法事件，他们普遍关注，参与其中。但他们往往带着自己的个人意见和情绪，倾向性地发表某些不满和愤怒言论，从而为群体性事件的发生推波助澜，甚至影响法院的正常审判。如著名的"药家鑫案"和"李昌奎案"，这些与公民的生命和财产直接相关的刑事案件，经过被害人在网络上的哭诉，以及媒体对犯罪现场、作案手段等残忍信息的报道，继而在网络上传播，成为引起情绪性民意的源头和素材。民众通过对案件的感性认识，借助自媒体发表自己的看法，对案件预设了一个想当然的结果，进而形成一种舆论压力。然而，这种极端的情绪性民意只能代表控方的观点，无利于案件真相的发现、双方当事人人权的保障以及法官对案件客观公正的判定。"司法过程中，当程序设计的宁静运行秩序不断被外力挑破，当情绪化的民意直接定位意欲的结果，所有的程序都将成为过场，依靠法治所建立的权利保障防线也将被撕破。"[1]

三、低俗性表达

随着网络的普及和网络技术的发展，互联网逐渐成为一个公共话语空间，人人都可参与其中，于是人的不同特性、不同心理和不同需求都一览无余地展示于这个平台上，而且网络的匿名参与属性又为一些有着特殊需要的表达者隐去了现实中身份暴露的尴尬。于是，色情视频、图片和污言秽语等低俗信息充斥于网络。低俗信息并不是一个新问题，其对道德的损害，尤其是对青少年心理健康的影响，长期以来都为世界各国所担忧，并对其采取严厉的管制措施。低俗性表达与情绪性表达有一定的区别，前者主要体现在网络社交场合的个体言论，后者主要表现在群体性事件的发生、发展过程中参与者的非理性评论和语言攻击；前者主要污染了网络环境，后者则有可能以公共舆论的形式裹挟政治权力，最终酿成网络群体性事件。

四、暴力表达

网络暴力表达是上述非正常表达的一种升级，是网民在网络上的暴力行为，是现实空间里暴力的延伸。网络暴力不同于现实社会中的暴力，它主要表现为一种语言上的暴力，是利用自媒体平台以语言文字对他人进行的攻击，如网络诽谤、网络中伤、网络人肉搜索等。网络暴力是对未经证实的事件发表对当事人具有人身攻击的言论，如谩骂、侮辱等；或者公开网络上未经证实的事件的当事人的个人信息，如公布其姓名、电话、工作单位等涉及个人隐私的信息，严重侵扰了当事人及其亲友的正常生活和工作。暴力表达是对道德底线的挑战，是对名誉权和隐私权的侵害。网络暴

---

[1] 邵栋豪：《情绪性表达必须远离司法的殿堂》，《光明日报》2011年8月4日，第15版。

力尤其偏好一些婚外恋事件、家庭暴力事件、道德犯罪事件等，这些事件的一个共同特点就是有违社会公德，发布者正是抓住这一点，站在道德的制高点上，肆意公开事件信息，引起网民的参与和讨论，在网络上形成口诛笔伐之势，最终侵害了当事人的名誉权和隐私权。

以上种种乱象，有的是站在法律的边缘，有的是钻法律的空子，这一方面表明，因传播技术的发展，个人主体意识普遍增强却又缺乏自律，另一方面也反映出，国家在这个领域的监管滞后于新技术的发展，让部分网民有可乘之机。

第三节 自媒体言论表达乱象的原因分析

一、网民素质参差不齐

首先是网民素质参差不齐。2020年4月中国互联网络信息中心发布的第45次《中国互联网络发展状况统计报告》显示，在年龄结构中，截至2020年3月底，低龄网民（19岁以下）占比23.2%，虽然与2015年的46.1%相比有显著降低，但低龄网民仍然占据一定的比例。在学历结构中，截至2020年3月底，初中、高中/中专/技校学历的网络群体占比分别是41.1%、22.2%，受过大学专科及以上教育的网民群体占比仅为19.5%。在性别结构中，女性网民占48.1%。另据《2018微博用户发展报告》，18—30岁年龄段是微博的主力军，而且此年龄段是移动互联网的主要用户。同时，在中国互联网络信息中心发布的第45次《中国互联网络发展状况统计报告》中，网民收入结构表现为，月收入在2001—5000元的网民群体合计占比为33.4%，有月收入但月收入在1000元以下的网民群体占比为20.8%，二者加起来占比超过网民总数的半数。

对上述网民的结构性数据进行比较发现，我国网民普遍年龄低、学历低、收入低（被称为"三低"网民），同时男性网民多于女性网民，这种网民结构对意见表达的非理性现状有一定的放大作用。网民的年龄、学历偏低，人生阅历和社会经验相对不足，价值观和对事物的认知能力都没有完全成熟，而且又处于思想比较活跃的阶段，在这种情况下，难免会出现跟风、从众、情绪化等倾向。加之年轻网民往往收入不稳定，社会经济地位相对低下，容易产生人生挫败感，网络便成为其不良情绪的发泄出口。同时，网络的匿名性助长了网民情绪性表达的冲动和欲望，也是网络非理性表达泛滥的原因之一。

其次是互联网文化浸染之下的网民缺乏人文性叩问。互联网文化带来的文化变革正在世界范围内发生。2011年爆发于中东、北非突尼斯、埃及、利比亚、也门等国的"革命"，有着区别于传统革命的显著特点：没有革命领袖，没有革命纲领，也不具备爆发革命的成熟时机，仅仅由于一个偶然性事件的刺激，就引发了阿拉伯世界的多米诺骨牌效应。大规模的暴乱恰恰起因于一场小事故，这正是互联网文化形态在现实社会的显现。互联网文化的去中心化、去权威性、去组织化特征，与传统文化形态相去甚远，让沉溺于网络中的现代人尤其是年轻人对传统等级社会结构的认知逐渐弱化，在文化认知中逐渐加入了自我认知和自我意识，混杂于网络多元化等观念之中，形成一种冷漠、疏离的文化形态。主要表现在以下几个方面。

其一，互联网文化变革带来了传统文化的阻隔。在我国，传统文化的断层并非由于互联网的兴起，而是源自五四运动以来中国知识界对传统文化的反思以及随后开始的新文化运动，只不过在互联网出现后，这种断层表现得更加明显。互联网上盛行的狂欢、戏谑、调侃、恶搞等行为再次加深了这种断裂。传统文化的根基及其绵延的历史是一个民族价值观的基础，而网络文化的变革正在让这种基础之厦崩塌。

其二，自媒体碎片化阅读导致网民人文素养的缺乏。当文化进化的机制被打破以后，传播的方式就占据了人类文化发展变迁的主流，而建立于新的传播技术之上的自媒体提供的个性、自由空间，正日益改变着人们传统的阅读方式，使个体满足于粗浅、短暂的思考，而缺乏对道德、人性、人生终极问题的叩问，其结果便是现实社会中真实的人际关系被忽略，人与人之间的疏离感加深。

其三，互联网文化重塑了年轻人的价值观和行为方式。互联网文化是一种对中心和权威的解构，表现出来的是一种"神马都是浮云"的心态，即便是神圣的东西也可以拿来恶搞。这种心态被转型过程中的社会问题和社会矛盾裹挟，并以一种扩大化的形态重现在网络之中。再加上有些网民自身生活艰难，对由社会环境及工作带来的压力不堪重负，逐渐产生悲观失望情绪。这种消极情绪在网络非中心文化价值观的影响下会以一种戏谑的心态表现出来，如2016年10月流行于网络的"蓝瘦，香菇"事件就充分显现了网络的冷漠和无情。

二、网络民粹主义影响

作为一种社会思潮，民粹主义涵盖很广，渗透于政治、经济、社会、文化各个领域，其概念发展也一直与社会历史发展阶段紧密相连，不同时期的学者对其有不同的理论阐释和概念建构。一般认为，民粹主义萌芽于19世纪下半叶的俄国，后在北美和东欧兴起。民粹主义往往表现出对现实政治和体制的不满和反叛，打着"民主"或"自由"的旗号，引导民众情绪，形成民众与政府的二元对立局面。民粹主义往往能够形成一种对现行政权产生冲击的政治力量，这是因为，民粹主义体现的是大众对现实政治的不服从和反叛意识。如果大众没有不满、不平或者委屈，对政府权威很服从、很忠实，并且没有足够敏感和智慧的头脑去理解政治现实和政治要求的复杂性，就没有大众的集体行动。但大众的集体行动不是自发的，需要特定的群体的组织和煽动，这种特定的群体往往也是精英团体。这即所谓的"英雄驾驭群氓"现象。随着网络的兴起与普及，在网络舆论事件中，民粹主义思潮与互联网结合，形成了转型时期的网络民粹主义。如2014年香港的"占中"事件[1]，以及在各地屡次发生的"PX"事件[2]，前者是利用不谙世事的学生，后者是利用不了解"PX"即对二甲苯的真实属性的民众，制造舆论，试图影响政策的制定与走向。"网络民粹主义通常表现为网络空间的极

---

[1] 2014年在香港发生的"占中"事件即是所谓的香港民粹主义利用学生，打着民主诉求的旗号，发起的大规模的群体性事件。

[2] "PX"事件在全国发生多次。主要是民粹主义利用民众对"PX"即对二甲苯的毒性的了解不足来制造舆论，甚至在百度词条上篡改"PX"的属性，将"低毒"改成"剧毒"企图达到阻止该项目上马的目的。

端平民化倾向，特指网民面对与权富阶层有关的事件时表现出来的对权力和精英的极端不满、不信任和对立情绪"[1]，如网络中的"叫兽""砖家"等称谓就是网民对知识分子的一种贬损。民粹主义最易出现在传统与现代交接的阶段，对旧体制的怀恋和对传统社会非正式规制的依托是民粹动员的重要特色。处于转型变革时期的我国当下，社会矛盾和社会问题日益凸显，加上民众对非正式规制如道德信仰、历史情感等有着更多的偏好，于是民众对现实政治的不满、不平或者委屈之感被民粹主义利用或煽动，形成一种特定群体的集体行动。这种情绪集聚于网络，通过自媒体的加速传播影响着舆论走向，是网络表达乱象的深层原因之一。

自媒体时代，信息传播的便捷和迅速也使民粹主义带来的负面影响愈加放大。如2018年崔永元在网络上曝光范冰冰"阴阳合同"事件，揭开了演艺界天价出场费和逃税漏税的黑幕后，官方多部门印发通知，要求加强对影视部门的治理，而在民间，却由此引发了网络上对演员的道德声讨。这种道德声讨很容易演变为全民狂欢，使一般演员的声誉受到损害，也违背了法律规定的初衷。

三、网络空间公共性不足

公共性是一个被广泛用于政治学、哲学、经济学、法学、文学等领域的复杂概念。在不同的话语体系中，由于不同话语结构的内在理论目标差异，导致人们对于公共性的理解存在差异。此处所讲的公共性，乃指在社群成员之间，针对其生活领域中的公共事务，进行公共讨论或公共对话以形成公共利益的共识，以确保公共领域的建构基于民主价值的实现。[2] 在人类日常生活越来越公开的今天，在人们越来越从"地域性"走向"世界性"的今天，关于公共性的讨论和公共性建构具有重要意义。公共性是当代中国转型的一个重要维度，而互联网在拓展了公共性的同时，也凸显出其公

---

[1] 程同顺、杨倩：《当前中国的民粹主义》，《江苏社会科学》2016年第3期。

[2] 曹鹏飞:《公共性理论的兴起及其意义》，《北京联合大学学报》(人文社会科学版)2008年第3期。

共性实践困境。

首先是网络上个人主义带来的群体隔阂。自媒体信息的私人化倾向更利于相同志趣的群体之间的交流和聚集，同时也阻隔了不同群体之间的交流和沟通。自媒体信息充斥着个人情感炒作、明星绯闻、鸡毛蒜皮的小事，而对涉及社会公共利益的公共事务关注相对较少。

其次是网络空间的碎片化带来的私利化倾向。如上所述，自媒体传播的自主性、平民化、去中心化特征便是自媒体传播碎片化特征的体现，这使网民从自我视角出发，站在自我的利益立场来反映问题、陈述想法，只关注自己感兴趣的话题，以"我"的需求为出发点，自我意识的表达取代了对公共性的考量。

最后是价值观多元。网络可以说是个多元的文化格局、多样的文化思潮、多变的价值观念共存的大染缸，网民更趋向于自我观念与自我意识的表达，并在传统社会网络之外寻找这种表达的倾听者与共鸣者，进而与之在网络空间构建新的社会群体。当下网络中充斥的多元化平等、民主等观念渐趋滥觞，网民对于网络热点事件也惯于采取一种对抗性的集体行动。

四、被现实社会情绪绑架

网络中的负面情绪、群体愤懑、谣言、暴力等乱象在某种情况下是社会情绪的"高压锅"，可能一个小事件都会将这个"高压锅"引爆。现实社会和网络社会虽然是两个空间、两个舆论场域，但两者之间有着千丝万缕的联系，每一个网络账号背后都有一个现实中真实存在的人，现实社会中的个体把情绪带入网络，网络空间的不良情绪又影响着现实中的人；线上的情绪有可能酿成现实社会中的群体事件，线下生活中的事件有可能聚焦为网络空间的群体情绪。可以说网络世界在某种程度上绑架了现实社会，并逐渐激起整个社会情绪和舆论潮流的裂变。

在当下中国，经济快速发展和社会加速转型引发了诸多社会浮躁情绪。如改革深化和社会压力引发民众的焦虑、浮躁情绪，生活成本上升造成底层民众的生存困境而引发的抑郁、悲观情绪，社会贫富差距拉大、收入分配不公导致部分民众切身利益受损而引发的不满、失衡情绪，因权力腐败、社会规范和制度不健全等导致处于社会底层的民众的相对被剥夺感、不公平感不断被强化，民众的价值观逐渐模糊和社会信仰缺失带来的民众的冷漠情绪，等等。在沟通渠道并不是十分畅通的情况下，社会情绪难以得到及时疏解，当前的官民关系、警民关系、医患关系、劳资关系等显示了不同群体之间的猜疑、隔膜以及不满、怨恨。这些负面情绪经过网络传播发酵，容易以极端的方式被表达出来，甚至由此诱发如袭警案、杀害幼童案等恶性犯罪事件或群体性事件的发生。

五、相关立法的空白导致网络监管缺位

在网络社会中，所有单位成员——个体，运用新的传播媒介建立了个体间高度相关的联系，所有这些相互联系的网格构成了一张巨大的"蜘蛛网"，它存在无数个稠密的节点，且每个节点都如此重要，都是传播源和接触者。信息在这样一个去中心化的网中传播，要想控制信息或像传统传播时代那样对信息进行事先审查变得如此不易，无论是内容入网把关还是传播过程中的技术把关在当下都显得力不从心。虽然网络已进入公众生活多年，但其仍然是个新生事物，互联网技术、功能发展日新月异，而互联网监管技术的创新和完善网络环境、净化网络空间的法律法规却相对滞后。因此可以说，网络监管法律法规的相对滞后，导致了网络虚假言论、暴力言论等的传播和泛滥。

综上所述，无论是因现实社会的不平等反照到网络社会而产生的虚假性表达，还是因缺失对人文性问题的叩问而产生的情绪性表达，抑或是因公共性不足而引发的低俗性表达，以及因监管不到位而产生的暴力表达等，都指向一个共同结论，即网络意见表达乱象丛生，而网络规制法律不健全、立法不规范、政府规制理念落后等，是导致这种乱象的主要原因。随着自媒体技术的发展，其所具备的交互性强、传播迅速、没有空间和时间限制等特征，使网络成为一种强大的"原生态"公众言论和意见场域，它真实地反映着普罗大众的情绪和价值取向。这种"原生态"言论场域，加上网络的匿名性特征隐去了个体在现实生活中所受的道德约束，呈现于网络空间的便是一方面泛滥着网民肆意表达的言论，另一方面也增加了公民对公

权力监督的张力。因此，网络言论的治理，除了相关立法需要进一步完善之外，还需要网民自身社会责任感和道德使命感的提高，网络运营商作为中间商应该充当"把关人"角色的责任认定，以及政府自媒体治理理念的更新等，由网民、网络运营商、行业组织、政府一起共建网络生态环境。因此，对自媒体意见表达进行深入研究并制定相应的在技术平衡发展之下的规制制度，是当下政府应当正视的重要课题。

第四章 自媒体言论规制之正当性分析

一般认为，所谓正当性，是一个人或一个组织对某项事物施加影响时所具有的符合社会规范的某种理由。正当性在经验和理性两个维度上寻求最高的"合法性"——就理性层面，正当性是经过道德哲学论证取得的合理性。在经验层面，正当性表现为得到社会的普遍认同和尊重。由于言论自由是公民的一项宪法权利，又由于自媒体言论涉及公民的名誉权、隐私权与社会公共利益的冲突，因此如何对言论表达进行规制，在多种矛盾中实现平衡，既需要理论研究的深入探讨，也需要政策制定者的精细立法。在自然法理论中，关于法的状态存在应然法、实然法之分，应然法是指"理想化的法律形式"，实然法是"客观存在的法律形式"。笔者在此借助这个概念，从必然、应然、实然三个层面来论述自媒体言论规制的正当性。其一，从实证角度阐述自媒体言论凸显的问题，以论证规制的必然性；其二，从理论的角度论述人们期望自媒体言论应该符合怎样的状态、实现怎样的社会功能，即从应然法的角度论证其规制的正当性；其三，从实然法的角度阐释自媒体言论的边界，及规制实践中存在的问题。

第一节 规制之必然：自媒体言论侵权的实证分析

一、公域和私域中的自媒体侵权案例

自媒体侵权发生在各个领域。本书选取发生在私人领域和公共领域的典型案例来探讨。私人领域又称私域，是指以个体独立人格为基础的私人

或私人间活动的界域；公域则指向国家和社会。在法学领域，对私域和公域的探讨主要涉及道德与法律、公法与私法、表达自由与隐私权的关系等。笔者正是基于这些视角来探讨自媒体侵权的相关问题。

（一）私域中的自媒体侵权

（1）"北京金山公司诉周鸿祎案"。2010年5月25日至27日，奇智软件有限公司董事长周鸿祎相继在新浪、搜狐、网易、腾讯等网站其个人微博上发表多篇内容为"揭开金山公司面皮"等的相关文章，指向北京金山安全软件公司（下称北京金山公司）。北京金山公司认为这些内容是捏造、虚构、恶意诋毁，在网络上散布这些不实言论，影响范围广泛，误导了社会公众，损害了其商业信誉和产品信誉，因此诉至北京市海淀区人民法院，要求周鸿祎停止侵害、赔礼道歉，并赔偿经济损失1200万元。

选取该案是因为该案为微博侵权第一案，是微博侵害企业名誉权的经典案例，具有典型性。当时，由于网络相对而言还是个新事物，基于网络平台而发生的言论自由与名誉权纠纷没有专门的法律来规范。此前于2005年发生的"陈堂发诉杭州博客案"[1] 作为博客侵权第一案使网络侵犯名誉权进入公众视野。该案确立了网络服务商作为信息交流的平台负有对网络信息进行审查的义务。"陈堂发诉杭州博客案"法官认为，网络服务商一旦发现不良或违法信息，应该在合理的时间内采取措施停止信息的继续传播并进行及时处理，即网络服务商具有善良管理人的义务。但在"北京金山公司诉周鸿祎案"的审理过程中以及随后的一审、二审判决书中，未涉及网络运营商的责任和义务，而是重点关注以下几个方面：其一，微博作为即

---

[1] 2005年9月，南京大学新闻传播学院副教授陈堂发在中国博客网上看到一篇名为《烂人烂教材》的含有对自己有侮辱性言语的文章，随即陈堂发电话联系中国博客网的热线电话，要求删除博客内容。该文章发布时间为2005年6月24日，陈堂发发现之时其在网上已经存在两个多月了。在中国博客网站给予了否定答复的情况下，2005年12月2日，陈堂发向南京市鼓楼区人民法院提起中国博客网侵害其名誉权之诉讼，后因诉讼主体错误，陈堂发转而将杭州博客信息技术有限公司诉上法庭。2006年8月2日，江苏省南京市鼓楼区人民法院对该案进行公开审判，认定被告杭州博客信息技术有限公司对有害信息的判断标准存在失误，发现有害信息后监管不力，判决被告在中国博客网上刊登致歉声明，及赔偿原告经济损失1000元。二审维持一审判决结果。

时表达、分享自我的平台具有不特定性、广泛性的"自媒体"特征，在微博平台上发表言论应当如何判断；其二，周鸿祎作为新浪微博加"V"认证的重要人物，是否应当拥有比普通公众更多的话语权，以及是否应当对自我的言论负有更多的注意义务。该案一审判决周鸿祎侵犯了金山公司的名誉权，应当停止侵权、赔礼道歉并赔偿经济损失8万元；二审在确认一审判决的基础上，改判赔偿经济损失5万元。

（2）"药庆卫诉张显名誉侵权案"。2011年4月，西安市中级人民法院对药家鑫故意杀人案[1]做出了一审判决。至此，该案本该就此终结，但因为药家鑫案发之后，在网络上广泛传播，引起公众关注，在该案的审理过程中，该案被害人律师张显在其微博上发表数篇关于该案当事人信息的文章，称药家鑫是"官二代""富二代"，称药庆卫（药家鑫的父亲）是"官僚""富商"等，网络舆论哗然，对药家鑫亲属造成了一定的伤害。7月31日，药庆卫将张显告上法庭，要求被告张显立即停止侵权行为，在三日内删除微博和博客上的造谣诽谤言论，并赔礼道歉消除影响，另外张显须向药庆卫支付1块钱的精神损害抚慰金。法院认为，自药家鑫故意杀人案发生以来，即2011年4月至8月，张显在其微博中发布了对药庆卫的诽谤、侮辱性语言及不实描述，张显作为该案中的在网络上经过实名认证且拥有一定知名度的用户，其行为对原告的名誉造成一定的毁损，客观上实施了侵犯原告的名誉权的行为。西安市雁塔区人民法院一审判决：被告张显于判决生效后立即停止侵权行为，在三日内删除相关侵权微博；分别在新浪微博和博客上连续三十日刊登致歉声明；向原告药庆卫支付精神抚慰金1元；该案产生的公证费5960元以及案件受理费650元均由被告张显承担。被告张显没有上诉。

该案中，一方面张显在药家鑫故意杀人案法院审理期间，在其微博中发表多条信息，直接将药家鑫说成是"官二代""富二代"，称药家鑫父亲药庆卫身居军队要职等，利用自媒体迅速传播等特点挑起了不知情公众的仇恨心理，网络舆论哗然，对法院的裁判施加了一定的影响；另一方面，

---

[1] 2011年4月22日，西安市中级人民法院对被告人药家鑫故意杀人案做出一审判决，以故意杀人罪判处药家鑫死刑，剥夺政治权利终身，并处赔偿被害人家属经济损失45498.5元。

张显虽然并非公众人物，却因为药家鑫故意杀人案而自行进入公众视野，他的言论自然广受关注，其对药庆卫进行的不实描述有损其名誉，侵犯了药庆卫的名誉权，要承担一定的法律责任。在虚拟空间中，话语权得到一定的扩张，同时与道德和法律的边界问题产生了一定的冲突，如何对其进行规制是个值得警醒的问题。

值得注意的是，有一个问题需要特别探讨，那就是通过自媒体形式批判、揭发、检举政府官员的案例中，在有事实情况时，是否可以一般标准认定侵害了被检举人的名誉权。鉴于《中华人民共和国宪法》中规定了公民有对国家机关和政府工作人员的批评建议权、申诉权、控告权、检举权，因此政府官员的名誉权和公民的言论自由权存在一定的冲突，法律在寻求两者的平衡的同时，应该向保护公众的监督权倾斜。如果举报是失实行为，由于自媒体具有公共媒体的性质，属于公共领域的言论，一定范围内可以作为侵害名誉权的一项抗辩事由，即不能因为失实举报就认定举报人的侵权行为。所以，此时，当事人的主观状态就变得异常重要，相应地，自媒体侵权时，在主观状态上应该适当引入真实恶意原则。[1]

自媒体言论的特点是碎片化、个体化、随意性，由此导致自媒体言论侵权与传统言论侵权相比更随意、更复杂，而自媒体言论因传播迅速、受众众多、涉及面广、社会关注度高等原因，其危害程度更高。在这种困境下，对自媒体言论是否构成侵权的认定，"应当综合考量发言人的具体身份、言论的具体内容、相关语境、受众的具体情况、言论所引发或可能引发的具体后果等加以判定"[2]。

（二）公域中的自媒体侵权

（1）"'秦火火'诽谤寻衅滋事案"。2013年8月，北京警方发现尔玛互动营销策划有限公司涉嫌编造和传播一系列谣言，包括"7·23动车事故"天价赔偿外籍旅客、"杨澜、张海迪国籍"等。经侦查，北京警方将秦志晖（网

---

[1] 梁燕：《自媒体名誉侵权的特性及其司法认定》，硕士学位论文，浙江大学光华法学院，2014，第30页。

[2]《利用信息网络侵害人身权益典型案例》，《人民法院报》2014年10月10日，第3版。

名为"秦火火")等10名嫌疑人抓捕归案。2014年4月17日,北京朝阳区法院以诽谤罪判处秦有期徒刑2年、以寻衅滋事罪判处秦有期徒刑1年6个月,决定执行有期徒刑3年。秦未上诉。

这是2013年9月最高人民法院、最高人民检察院出台《关于办理利用信息网络实施诽谤等刑事案件适用法律若干问题的解释》(以下简称《网络诽谤解释》)以来第一起依法公开审理的典型案例。从这起案例我们可以看出,言论自由是有边界和底线的。言论自由是每一个公民的宪法权利,其可以通过其认为合适的方式表达自己的各种观点,但自由的享有又是需要以承担一定的责任和义务为前提的,因而受到一定程度的限制。网络提供了一个更开放、更自由的空间,但也绝非法外之地,这已是共识。"秦火火"为了某种利益驱动,制造传播虚构或捏造的不实信息,引起网民的误信和非理性情绪,扰乱了社会秩序,已经超越了言论的边界,最终受到了法律的惩罚。

(2)"初中生被刑拘案"。2013年9月12日,甘肃省张家川回族自治县张家川镇发生一起死亡案件,警方认定为自杀。但因为死者死状离奇,引起民间热议。其中,一名网民为"辉哥"的中学生杨某通过QQ空间和微博发布了一些质疑言论,其中有一句"看来必须游行了"。该相关言论迅速被关注和转发。9月17日,张家川县公安局以"杨某涉嫌散布谣言且被转载500次以上,煽动群众游行,严重妨碍了社会管理秩序"为由,以涉嫌寻衅滋事罪刑事拘留杨某。随后,该事件经过媒体的广泛报道和关注,9月20日,甘肃省公安厅会同天水市公安局组成联合工作组赴张家川开展相关调查核实工作。9月23日凌晨,杨某获释。

该案是《网络诽谤解释》出台后的又一起典型案例。虽然社会一致认定这是一起错误的基层执法经历(警方刑拘杨某的理由是"发帖转载500次以上",认定的罪名却是寻衅滋事罪,而"发帖转载500次以上"是诽谤的标准;同时警方还要证明虚假信息与游行群众之间的因果关系等),但此案中因为"言论"而招致的拘留给一个中学生所带来的心灵伤害和给社会舆论带来的不良影响却不容忽视。由此也带来自媒体意见表达与刑罚的边界问题。

此案案情比较简单,但在该案中,仍然有进一步讨论的空间。在《中华人民共和国民法通则》实施之前，因言论而引起的诽谤诉讼是按照刑事处罚来实施的，如被称为中国第一起因新闻记者发表作品而被刑事制裁的案件[1]。网络空间是虚拟的，但在网络上发生的行为也是实实在在的，它必然跟现实中实实在在的一个自然人相联系，是这个实实在在的自然人的真实行为的体现。网络实名制之后，每一个网络虚拟主体背后都真实存在着一个现实主体，网络主体的行为与现实主体之间有千丝万缕的联系。要讨论言论涉罪问题，探讨传统刑法的相关概念与自媒体意见表达的应对问题是不可回避的。传统刑法中公共秩序界定、犯罪场所的认定、传播行为的认定等都需要进一步厘清。

二、自媒体侵权的相关问题

上文选取了自媒体侵犯不同法益的经典案例。那么什么叫自媒体侵权？目前在学界，虽然"自媒体侵权"被频频提及，但现有研究中还没有对其给出准确的定义，提及自媒体侵权时大都与新闻侵权相联系。但自媒体侵权与新闻侵权实际上存在较大差别。即便是新闻侵权，在我国学界也并非一个严谨的法律概念，大多学者将其称为媒体侵权。如王利明教授认为："新闻侵权行为则是指新闻单位或个人利用大众传播媒介，以故意捏造事实或过失报道等形式向公众传播内容不当或法律禁止的内容，从而侵害了公民和法人的人格权的行为。"[2] 孙旭培教授认为："新闻侵权是指通过新闻媒介侵害公民、法人或其他组织的名誉权、隐私权、姓名权、名称权及其他合法权益的行为。"[3] 可见，新闻侵权概念在学界也是仁者见仁，没有统一的认识。对自媒体侵权概念的理解大都建立在对新闻侵权概念的认识之上，是对新闻侵权概念的扩展。以下通过对新闻侵权相关问题的探讨来厘定自媒体侵权的概念。

---

[1] 该案发生在1985年，《民主与法制》杂志的两位记者沈涯夫、牟春霖在该杂志1983年第一期发表名为《二十年"疯女"之谜》的文章，后被该"疯女"的丈夫起诉至上海市长宁区人民法院。该院于1987年6月29日做出了有罪判决。

[2] 王利明、杨立新主编《人格权与新闻侵权》，中国方正出版社，2010，第447页。

[3] 孙旭培主编《新闻侵权与诉讼》，人民日报出版社，1994，第13页。

(1) 关于新闻侵权的主体。目前学界对新闻侵权的主体存在两种观点：一种认为，新闻侵权的主体应该是包括一切可以通过媒体发布信息的民事主体；另一种认为，新闻侵权的主体应该严格限定在新闻单位或职业新闻工作者，其他主体通过媒体发生的侵权行为可以归为一般侵权行为而与媒体侵权无关。随着网络的普及和其对人们生活的深入影响，持第二种观点的人越来越少。尤其是今天，当媒体已经不再是社会的稀缺资源而成为人人都能掌握，人人都是一个自媒体时，这种观点似乎应该被淘汰。如上述案例中，不论是个人、组织，都有可能成为侵权主体。另外，从表达自由的角度来理解，人人都有表达意见的权利，这已经是世界上的共识，因此，表达自由并不是新闻媒体及其工作者的独特权利。从这个角度而言，自媒体侵权主体不应局限于新闻媒体及其工作者的范围之中。

(2) 关于新闻侵权的客体。新闻侵权的客体即该侵权行为直接侵害的客体。有学者认为，新闻侵权所侵害的权益十分广泛，既包括人格权益，也包括可能涉及的财产利益及著作权等公民法人的合法权益；有学者认为，新闻侵权只涉及表达自由与人格权益的冲突，其他如可能涉及的财产权、著作权等可以归为一般侵权。笔者认为，新闻侵权之所以能够长久存在并引起人们的关注，是因为其与表达自由这项古老的宪法权利存在冲突，因此才将新闻侵权视为侵权行为的特殊行为。从表达自由的本质看，新闻侵权所侵害的也只是表达行为所侵害的对象——人格权益问题。自媒体侵权不过是将侵权行为移到了网络空间里，所以笔者认为，其侵权客体同样是与意见表达相关的人格权益。

(3) 关于新闻侵权的传播途径。有学者认为，涉及新闻侵权的作品应该是通过合法程序成立的新闻机构进行传播的，非法成立的机构因其不能从事新闻活动，因此其侵权行为只能视为一般侵权行为而不能作为新闻侵权行为；[1]有学者认为，涉及新闻侵权的作品，其传播路径应该包括所有的大众传播媒介，既包括传统媒介，也包括博客、微博等能够广泛向大众

---

[1] 王利明、杨立新主编《人格权与新闻侵权》，中国方正出版社，2010，第447-448页。

传播信息的传播工具，[1]即也包括新媒体和以移动互联网为技术平台的自媒体，即一切能够实现传播目的的传播工具。笔者认为，随着自媒体日益成为公民了解资讯、传播信息的主要渠道，其自然可以认为是新闻侵权的传播途径，这似乎也不存在争议。

（4）新闻侵权的侵害对象。新闻侵权的客体是人格权益，所以新闻侵权的侵害对象自然是人格权的主体。这里排除了国家机关等公法人作为名誉权主体提起的新闻侵权之诉。

通过以上比较和阐述，我们认为，自媒体侵权是指自媒体用户通过网络平台向不特定人公开传播信息，造成自然人、法人的名誉、隐私等人格权益受到损害的行为。因此，我们讨论的自媒体侵权主要指私域中的对人格权益的侵害，至于目前网络上同样频繁发生的自媒体侵害著作权现象不在本书的讨论范围内。同时，我们还应该看到，私域中自媒体侵权指向的是个人自由与人格权益的冲突，这可能涉及因公民的基本权利受到限制而需要立法的平衡，而公域中自媒体言论与公共秩序的冲突同样需要政府规制。因此，以上引用了自媒体侵权两类案例，即侵犯人格权益和公共秩序进行探讨。自媒体言论的特点是碎片化、个体化、随意性，这导致自媒体言论侵权与传统言论侵权相比更随意、更复杂，又因自媒体言论传播迅速、受众众多、涉及面广、社会关注度高，这导致自媒体言论侵权与传统言论侵权相比更难查证、危害更大，因此对自媒体言论的合理限制势在必行。

三、自媒体侵权态势严重

如上文所说，自媒体意见表达的法治内涵对社会发展的推动作用显而易见，同时，我们也必须意识到，微博、微信这类新事物，它们既具有提高社会信息流动的速度、反映民意、服务社会、监督公权力运行等优势，却也相继凸显出其伦理、道德等问题。近年来，自媒体侵权如自媒体传播的发展一样快速，让人咋舌。出现这种情况是由于人们的表达自由空前扩

---

[1] 吴秋余：《表达自由视野下的新闻侵权研究：以美国宪法第一修正案为参照》，法律出版社，2013，第6页。

张,当表达自由超出一定的限度或者缺乏应有的法律规制时,就会造成对他人权利的侵害。近几年发生的如田朴珺状告微信公众号"兽楼处"的名誉权纠纷案[1]、王健林肖像名誉侵权案[2]等自媒体侵权案件,已经让人感觉到了自媒体生态的日渐恶劣。反观在2007年发生的"死亡博客"案[3],在自媒体监管已引起足够重视的今天,我们仍然有触目惊心之感。这里,还未涉及自媒体侵犯著作权的案例。据2018年2月27日,由维权骑士、鲸版权与士值传媒等联合发布的《2018年度内容行业版权报告》,2018年被侵权的作者占全体作者的41%,在2016年,被侵权作者的占比高达59%,两年来已经下降18%。这得益于近年来国家版权局、国家互联网信息办公室、公安部等联合开展的打击网络侵权盗版的"剑网"专项行动。据"剑网2017"专项行动有关情况的通报,专项行动期间共关闭侵权盗版网站2554个,删除侵权盗版链接71万条,立案调查网络侵权盗版案件543件。由此可见,技术是一把双刃剑,在传播领域,新的传播技术的发展,一方面给世界带来充裕的信息资源,扩大了表达自由空间,让人们徜徉在信息的海洋里自娱自乐;另一方面,由于一些原因,网络信息泥沙俱下、良莠不齐,网络侵权现象更广泛且更具危害性。在美国,有些学者预测新兴传媒可能会为实现宪法意义上的平等而充分的表达自由带来希望。然而随后,美国法院大量涌现的网络媒体的诽谤、侵害隐私等案件,让政府不得不出台《公共网络安全法》(1997)、《联邦信息安全管理法案》(2002)、《国家

---

[1] 2016年7月4日,王女士在其注册的微信公众号"兽楼处"上发表题为《田朴珺撩汉往事,世界就是这样被野路子的女人抢走》,田朴珺以上述文章对其名誉造成损害为由,起诉该公众号持有人王女士。该案由北京朝阳区法院受理。

[2] 2015年11月12日,一微信公号为"顶尖企业家思维"上发表了《王健林:淘宝不死,中国不富,活了电商,死了实体,日本孙正义坐收渔翁之利》的文章,并配有图片多张。王健林以侵犯人格权益为由将对方诉至法院。

[3] 2007年12月29日,留学海外多年的31岁的北京女白领姜岩从24层楼跳楼死亡。在自杀之前,姜岩在网络上写下了自己的"死亡博客",记录了她生命倒计时前两个月的心路历程,并在自杀当天开放博客空间。之后的三个月里,网络沸腾,姜岩的丈夫王菲成为众矢之的。网友运用"人肉搜索"将王菲及其家人的个人信息,包括姓名、照片、住址以及身份证信息和工作单位等全部披露。后王菲诉至法院。该案被媒体冠为"人肉搜索第一案"或"网络暴力第一案"。

网络安全保护法》（2014）、《网络空间安全法》（2015）等一系列法律，以对网络空间进行规制。网络技术发端于美国，关于网络空间的规制也得到美国政府的足够重视并制定出相对完备的法律法规。这对于我国构建具有中国特色的网络规制法律体系有很大的借鉴意义。

第二节　规制之应然：自媒体言论规制理论分析

表达自由在人权谱系中占据重要地位，但自由从来都不是无限制的。对表达自由进行合理限制，也是世界各国的普遍做法。自媒体的发展让表达自由空间得以扩张，因此对表达自由的限制不仅是理论之必须，更是现实公共秩序维护之必然。表达自由的发展史，也可称其为权利限制史。围绕表达自由是否能够被限制，美国学界基于对表达自由权利性质的不同认识而产生了不同观点。第一种绝对主义观点认为，表达自由是天赋人权，是受宪法保护的权利，也是一个国家民主政治的基础，是不能被限制的。这种观点的典型代表是美国大法官雨果·布莱克，他认为"在法律之下，民主社会的唯一保障便是《第一修正案》的绝对性"（即言论自由的绝对性）。绝对主义观点来自对《第一修正案》的文义解读和对基本人权的重视（《第一修正案》的字面含义在规定表达自由的同时没有规定其他任何前提条件和限制条件，从法条释义视角来看，这是对表达自由价值的肯定）。第二种是准绝对主义，是在认识到第一种观点的缺陷——忽视了任何自由都是相对的——基础上发展起来的一种观点。这种观点把《第一修正案》所保护的言论自由的范围进行了分类，即政治性言论和私域性言论，前者作为人民监督政府的权利是不可被限制和剥夺的，必须由宪法来保障；后者作为私域性言论，则只需普通法进行保护即可。著名的"《纽约时报》诉沙利文案"就是对该理论的运用。第三种是相对主义观点。这种观点从功利主义出发，认为对表达自由的保护与保护其他权利和社会利益一样，都不具备绝对的优先性，而是应该遵循既有的法律原则，对其进行权利配置，以实现整个社会的利益最大化。我们认为表达自由虽然作为一项宪法权利，在权利位阶上具有很高的地位，但其也不是毫无限制的，即使在崇尚自由的西方国家也概莫能外。笔者正是结合以上西方国家对表达自由的限制理论来分析和探讨我国自媒体意见表达自由的相对性及其限制理论。

一、规制之理论基础

（一）道德视角：自由必须被课以责任

首先，自由社会的运转需要人人担责。道德的本质在于关心和顾及他人的利益。英国哲学家约翰·洛克认为，道德原则同其他一切观念和原则一样，是从经验中获得的，是被每日的经验证实的。关于道德的起源，法国著名思想家卢梭持良知天赋说，他认为人类天生就对同类的受苦行为表示反感。不管是经验说还是天赋说，如果把人置于社会之中，具有社会性的话，则个人行为具有涉他性，公认的道德原则始终是指向他人利益的。至于功利主义伦理哲学所主张的依据人的喜乐感受来做道德判断，并不具有普遍性。由于个体行为的涉他性，使个体与社会相连，更由于良知的存在，才体现着人的社会性和整体性。英国哲学家霍布斯所设想的一切人对一切人的战争状态，便是缺乏良知的社会状态，是不自由的社会状态，所以需要自然法则来指导人们的行为，以达到自由。也即自由社会的良好运转人人有责，每一个人的行为状况都影响着社会环境的塑造。因此说，道德其实是人们心灵上的契约，它被遵守的基础是依靠人们的自觉，是人们自觉强加于自己的责任。网络空间给人们提供了一个空前的自由表达空间，但这个虚拟的自由空间秩序需要人人维护，需要对他人尊严的尊重和对他人利益的体恤。这需要每一个主体（网民）的自觉遵守。

其次，法律责任是对道德责任的认同。从道德视角对人的行为加上"责任"的限制在我国有着悠久的历史。大禹"三过家门而不入"，置亲情而不顾，是因为他心里装着天下百姓的幸福；历史上流传的岳飞、杨家儿女的事迹也证实着"天下兴亡，匹夫有责"这句千古名句。如果说这是古代帝王将相因其身份地位的不同而不具有普遍性的话，那么新中国成立后深深影响着一代人的雷锋事迹则是从普通公众的角度证实着这种社会责任。这是一种价值观的影响，是一种道德化了的社会责任。这种责任不是法律责任。责任何以演变成法律概念？就是因为一个人的行动是否形成了一项法律义务，或是否使他接受惩罚，需要法律准确无误的标准来判断。也即，"当人们被允许按照他们自己视为合适的方式行事的时候，他们也就必须被认为对其努力的结果负有责任"[1]。这便是哈耶克曾说的限制自由的理由来自自由本身。这似乎也说明了自由与责任存在着某种联系，即一个人承担着选择的自由，同时意味着他对自己的选择承担着责任，也即自由具有相对性。

最后，对表达自由课以道德责任以防言论的恣意和任性。从表达自由的角度上看，在传媒的发展史上，传媒的社会责任理论取代传媒的自由主义理论的一个前提就是：对于传媒而言自由与责任相伴而生。自由不是没有边界的，表达自由更是如此。"不受约束的自由虽然是每个个人自由的最大的自由，但一旦进入社会生活实践，每个人的这种自由就会同他人的这种自由相冲突、相碰撞，导致相互损害，以致这种不受约束的个人自由在实践上表现为自由的灭失，表现为不自由。"[2]因此，仅仅从道德视角给自由课以责任，还不能限制和防范个人行为的恣意和任性。这就需要从法律的角度来追求自由，即权利意义上的自由。自媒体言论自由是自媒体用户利用个人门户类网站，以论坛、微博、博客或微信等渠道，依据其个人偏好而发表言论或表达意见的行为。它是表达主体凭借自媒体平台对社会事物或事件给予自己意见的表达言论形式。如前所述，自媒体言论自由在网络平台上因失去了现实道德规范的约束而呈现的失范现象，表明道德约束对于言论自由领域的重要性。

（二）正义视角：追求自由与有限权利

正义是社会制度的首要价值。[3]正义观念是人类社会特有的情感意识。凭借这样一种情感共识，无数个体才得以汇聚成相应的社群、部族、社会和国家。[4]正义的观念与法律的观念一样，基本上是基于人性恶的这一人性论而发展起来的。因为人都有趋利避害的本性，都会在面临选择时做出

---

[1] 哈耶克：《自由秩序原理》，邓正来译，生活·读书·新知三联书店，1997，第89页。
[2] 张恒山：《法理要论》，北京大学出版社，2009，第268页。
[3] 罗尔斯：《正义论》，何怀宏、何包钢、廖申白译，中国社会科学出版社，1988，第1页。
[4] 邓大鸣：《论正义的追求与和谐的实现》，《现代哲学》2009年第5期。

有利于满足自己的利益需求的决定。正是因为人性中的这种"恶",人类社会才有制度和规则,才会有冲突和犯罪,也正是因为这种人性的"恶",人类社会才会需求正义,当社会中人人都遵守正义之道德准则时,社会才能达至和谐。

正义的自由社会需要平等对待权利。自由、公平、正义是各民族人民的渴望。公平、公正、平等等词语实际上与正义意义接近。在《联邦党人文集》中,汉密尔顿等人直抒了对正义的渴望和热情:"正义是政府的目的。正义是人类社会的目的。无论过去或将来始终都要追求正义,直到获得它为止,或者直到在追求中丧失了自由为止。"[1] 对正义的追求可以上溯至柏拉图,他认为,正义有个人正义和城邦正义之分,由此启迪了后世对法律正义的思考。亚里士多德认为,正义的具体化、规则化就是法律。人们在社会生活中相互交往,各自根据自己的需要、要求对人们的各种行为和社会的各种制度加以辨别、评价,从而形成正义之观念,因此,正义是一种来自生活在社会中的人的社会性要求。而自由是人类最基本的天然需求之一。一个正义的社会是人们能在其中享受充分自由的社会;而在一个正义的社会中,一个人享有的自由非但不得与他人的权利相冲突,也不得违反平等原则。

法律对自由的限制是为了更好地保障自由的实现。法律的目的不是取消或限制自由,而是维护和扩展自由。在所有能够接受法律支配的人类状态中,哪里没有法律哪里就没有自由。这是因为自由意味着不受他人的约束和强暴,而这种自由在不存在法律的地方是不存在的:一如我们被告之的那样,这种自由并不是每个人为所欲为的自由。言论自由领域同样如此。网络环境下,有了自由表达意见的平台和便利,但能否真正实现言论自由领域的正义,还需要每个网民的自觉。

(三)法治视角:表达自由与国家利益

法治是国家干预和限制表达自由的底线。正是这种法治精神的约束,

---

[1] 汉密尔顿、杰伊、麦迪逊:《联邦党人文集》,程逢如、在汉、舒逊译,商务印书馆,1989年,第266-267页。

才使得这种表达自由的限制服务于促进保障表达自由的目的，否则，就是限制和干预表达自由，就是暴政的开始。[1] 法治与人治相区别，法治以民主自由为基础，而人治崇尚个人权力至上。法治有诸多含义，其中最基本的是依法而治，法治的关键在于制约权力，权力为维护权利而生。"在人类社会进入政治国家之后，国家的权力就成为最大的社会力量"[2]，但这种力量并不一定代表社会公共力量，在这种力量之下的意志甚至有可能与公共意志相反。人类设立国家这一公共权力的初衷是保护自身包括保护其整体以及每个个体的权益，法律是实现这一目的的保障。当国家以国家利益为理由限制公民基本权利时，必须在法治观念之下，在法律限度之内，否则，国家之权力其力量之大是任何个人都无法抗衡的。

对国家利益的维护是国家干预或限制表达自由的目的。《欧洲人权公约》第十条规定，在人们享有表达自由权利的同时，该项权利得受法律所规定的程序、条件、限制或惩罚的约束；并受在民主社会中为了国家安全、领土完整或公共安全的利益，为了防止混乱或犯罪，保护健康或道德，为了保护他人的名誉或权利，为了防止秘密收到的情报的泄露，或者为了维护司法官的权威与公正性所需要的约束。我国宪法第五十一条规定："中华人民共和国公民在行使自由和权利的时候，不得损害国家的、社会的、集体的利益和其他公民的合法的自由和权利。"任何侵害公序良俗、国家安全、国家利益和社会稳定的言论都会受到国家法律的干预或限制。

二、传媒与规制：传统传播时代与自媒体时代之比较

（一）传统媒体体制下的言论规制

《传媒的四种理论》及建立在其研究基础之上的理论发展，总体上探究了不同社会制度与报刊之间的关系，以及不同社会体制在保护和促进媒介发展过程中所起的不同作用，因此而"成为研究世界各国政府和新闻媒

---

[1] 王锋：《表达自由及其界限》，社会科学文献出版社，2006，第142页。
[2] 卓泽渊：《法治国家论》，法律出版社，2008，第4页。

介关系的规范理论"[1]。在这里，去除《传媒的四种理论》的特定历史背景和特定语境，无论是传媒的权威主义理论、自由至上主义理论、社会责任理论还是苏联的共产主义理论，单就传媒在各国的历史发展轨迹中所扮演的特殊角色——为国家目标的最终实现的角度来看，就会了然传媒是在国家政治范畴规范之内发展的。传统媒体从广义上讲，相对于网络媒体而言，是指信息从传者到受者所必须借助的有形的介质，一般指报刊、电视、广播等。在传媒发展的早期阶段，国家一般通过控制这些有形的通信工具，如对媒体的设立采取许可制、对信息的传播采取审查制等，来达到控制信息传播的目的；随着社会的发展，国家通过积极地参与传播的过程，并且利用大众传媒，使其成为国家目标实现的重要手段之一。[2] 传统传播方式的特点之一就是传播主体的单一，传者一般是传统的传播机构，或者是掌控机构背后的组织；受者是普通大众中的个体。这种单一主体传播方式使国家或政府操控新闻领域成为可能，并为此提供了便捷。把大众传播作为阶级控制和抗争的工具一直是批评传播学研究的重要内容之一。如葛兰西的文化领导权思想就是延续了列宁的政治领导权思想，其精髓就是统治阶级谋求被统治阶级的文化认同，最终达到对意识形态的领导和控制的过程。也就是说，大众传媒自其产生之始便带着一定的政治性内容和目的，其自然也就被政治集团所操控。虽然随着大众传播的发展，以及人们对民主政治需求的增加，"平等""对话"等因素不断渗透到大众传媒研究领域并指引其发展，如哈贝马斯的公共场域理论，就是期望建立这样一个平等对话、理性沟通的平台，但任何一个政治集团都不会放弃对传媒的控制。传统传媒的发展道路在某种程度上说一方面即是顺应这种控制路线而向前发展，另一方面其本身所具有的传播特征也为这种控制提供了便利和可能。

（二）传媒技术发展之下的自媒体言论规制

在大的语境下，技术与规制是社会发展中相互联系的两个概念。技术

---

[1] 弗雷德里克·S.西伯特、西奥多·彼得森、威尔伯·施拉姆：《传媒的四种理论》，戴鑫译，展江校，中国人民大学出版社，2008，第16页。

[2] 弗雷德里克·S.西伯特、西奥多·彼得森、威尔伯·施拉姆：《传媒的四种理论》，戴鑫译，展江校，中国人民大学出版社，2008，第11页。

的发展与变革在推动社会发展方面有着不可替代的作用，所谓科学技术就是生产力即是在此意义上说的。然而，近代以来科技的飞速发展在给社会带来迅猛发展的同时，也给人类带来了某种程度的灾难，如环境问题、生态问题等。哈贝马斯在《交往行为理论》中隐忧地表述了当技术自身的发展规范脱离了政治和伦理规范时，效率就可能取代安全、人性等而成为统治人类的价值目标。"技术决定论"曾一度认为，新技术的发展与广泛应用必定会带来整个社会的变革，但即便如此，技术决定论者也认为，应该把技术的进步置于严格的监控之下，因为技术也是社会制度的维度之一，其在社会中产生的影响不能忽视。现代社会，可以说是个信息技术社会。信息传播方式的变革，在很大程度上改变了人们的生活方式，同时也带来一系列的社会变化。在传媒学领域，一般认为，大众传媒在推进民主发展进程中起到过重要作用，网络媒体在推动言论自由方面也有着不可忽视的推动作用，在此基础上，有不少学者因此而认为自媒体传播技术的适时性、互动性、个体性等特征也为其在推动民主与私权利社会发展方面起到了不可小觑的作用。自媒体技术的发展在给我们带来一个崭新的媒介化时代的同时，也同样给我国的意识形态建设、社会治理、个人成长环境和私权的保护带来了前所未有的挑战，并对与传统社会相适应的法律制度形成了冲击。一方面是民众对自由的渴望和社会在民主政治道路上不断向前发展；另一方面是政府出于对公共秩序的考虑而制定法律对自由的限制、对自由的边界的确定，由此而产生的二者的冲突和矛盾。自由和秩序在法的价值名目上从来都不是取此舍彼的，关键是怎么平衡。于是，我们看到，一方面，在新兴媒介的技术支持下，民众的言论表达热情空前高涨；另一方面，充斥于网络的是各种虚假表达、情绪表达。因此，对自媒体的意见表达进行深入研究，并制定相应的在技术平衡发展之下的规制制度，是当下政府应当正视的重要课题。自媒体传播大大改变了传统信息传播方式，个人参与到信息的生产和传播之中，由此改变了传统传播中简单的传播主体、传播过程、受众及其相互关系，使各方主体之间的界限变得模糊，并对依赖传统传播方式而产生的国家对传媒的管控模式形成挑战。新的技术需要新的规则，在重新定位或者在重新选择定位的过程中，是偏重技术发展还是偏重规则的治理，是注重政府规制还是社会规制等，都是值得深入思考的问题。

　　言论是一种煽动。一般理解，煽动是一种有可能带来危害的行为，既然其有可能带来危害，那么，表达自由权利行使的边界便是值得探讨和研究的课题。在以公权力为主导的集权制国家，和在以私权利为主导的民主法治国家，表达自由的规制程度是不同的；即使在同一国家的不同历史阶段或者民主发展的不同阶段，其含义也不同。权利是随着文明社会的推进和人们对权利的感知水平的提高而不断发展的，表达自由的发展，走到今天，对其保护已经基本形成共识。自媒体时代，表达自由在表达民意诉求、监督政府官员和政府行政、评价公共事件等方面具有重要作用。在自媒体技术快速发展的今天，由于自媒体准入门槛相对很低，尤其网络实名制实施之前，自媒体用户素质差异性明显，加之自媒体问责制不健全等多种原因，出现自媒体意见表达边界不清问题。为此，自媒体时代意见表达需要依法界定边界。

三、自媒体言论表达的权利边界

（一）边界之一：自媒体言论自由与人格权益

　　自媒体言论的边界止于人格权益。自媒体表达自由与私权利的冲突主要表现在名誉权和隐私权之间的冲突和对立。在网络空间，普通公民的人格权益保护与传统新闻侵权下人格权益保护情况相比，并无太多差别，故这里重点讨论自媒体言论与公众人物之间的冲突与平衡。上述"北京金山公司诉周鸿祎"案中，周鸿祎具有双重身份，既是现实中的公众人物，即奇虎360公司董事长，也是网络认证的"大V"；周鸿祎在其微博上发表了带有主观臆断、恶意打击竞争对手的言论；原告金山公司与被告周鸿祎存在实际的商业竞争关系；受众并不十分知晓商业竞争内幕，作为该领域公司董事长的周鸿祎的言论自然对公众具有一定的引导作用。据此，被告周鸿祎侵犯名誉权行为成立。但是，随即而来的是，周鸿祎作为现实生活与网络空间中的公众人物如何认定，其是否享有与普通公众一样的言论自由问题需要进一步探讨。这包括两个方面的问题，其一是公众人物作为原告与言论自由的关系，其二是公众人物作为被告与言论自由的关系。

（1）公众人物作为原告与言论自由的关系。公众人物作为原告与言论自由的关系主要是指公众的言论自由与公众人物名誉权的关系。"金山公司诉周鸿祎案"中，被告周伟鸿是金山公司的竞争对手奇虎360公司的董事长，而且还拥有新浪微博认证的加"V"微博账号，既是所谓的网络上的公众人物，又是名副其实的现实中的公众人物，具有双重身份。何为公众人物，目前我国法律并没有明确规定，"公众人物"概念本身也是个舶来品。公众人物（公共官员）概念和原则最初在美国"《纽约时报》诉沙利文案"判决中被确立，明确了公众人物（公共官员）的名誉权应受到一定限制。这是公众人物作为原告的情景之下，言论自由与名誉权的关系问题。

公众人物概念在我国于2002年"范志毅诉文汇新民联合报业集团案"中被引用，但至今也只是出现在司法判决中。网络媒体及自媒体产生以来，各界人士自我展示的空间不断扩大，公众人物又扩展至网络空间，各种网络公众人物遍地开花，如形形色色的网络"大V"，这为本就复杂难以界定的公众人物问题又增添了新的难度。与自媒体有关的涉及两类公众人物，一是在现实生活中本来就是公众人物的言论主体，二是因公众事件而被广泛关注进而成为网络上的公众人物的普通公民，有学者称之为"有限公众人物"。第一种情形如上述提到的"金山公司诉周鸿祎案"中的周鸿祎；第二种情形如"药庆卫诉张显名誉侵权案"中的被告张显，作为一名普通的律师，可能在"药庆卫诉张显名誉侵权案"之前是名不见经传的，因为公众对"药家鑫案"的广泛关注，其作为该案原告的代理律师而自然进入公众视野成为公众人物。对于第一类公众人物，因其自身的公共性身份及其所拥有的社会性资源，在其人格权保护与公众的权益保护方面自然应该向公众倾斜；对有限公众人物应根据其所涉公共性程度而适当限制。

另外，如明星刘德华的粉丝杨丽娟也是为公众所知晓的人物，虽然其引起了广泛关注，但要认定其是否为公众人物，还需要更多的限制条件。杨丽娟事件经过媒体广泛报道之后，杨丽娟本人也曾提起过侵犯其隐私权的诉讼，但并未得到法院的支持。这里需要注意的两点是：其一，杨丽娟及其父母多次接受媒体采访，很显然其是自愿进入公众视野的，一定程度上放弃了个人隐私，成为公众感兴趣的人物，其部分隐私权自然一定程度让位于公众的知情权；其二，公众感兴趣并非关涉公共利益，即"公共兴趣"并不是"公共利益"，在公众人物认定上应该将公共兴趣排除在公众人物认定之外。

（2）公众人物作为被告与言论自由的关系。公众人物作为被告与言论自由的关系是指公众人物的言论自由权是否应该克减以及如何平衡的问题。公众人物发展至今天，无论是在民间还是在学界乃至在司法判决中，由当初《纽约时报》诉沙利文案"中确立的公众人物原则的一个重要考量——公共利益因素——逐渐被忽略，使公众人物的认定给法律适用带来一定困难。而自媒体时代公众人物与言论自由关系更趋复杂。一是对于公众人物言论与普通公众的言论如何区别。自媒体炸裂式的信息传播，让拥有一定数量粉丝，进而拥有更多话语权的网络"大V"理应承担更多的责任，在发表言论时理应更自觉地认识到并适当避免其不当言论对他人带来的伤害。对公众人物言论提出高于普通公众的要求，是因为其言论的行使比普通公众具有更多的公共性。二是对于有限公众人物言论是否要与完全公众人物一样受到限制。"美国联邦法院对有限公众人物有三个限制性要求：必须是自愿走进公众关注的视线；必须是在重要公共问题或社会问题的解决中扮演一定的角色；必须做出一定的努力，意图在解决某问题的过程中影响公共舆论。"[1] 可见在上述"药庆卫诉张显名誉侵权案"中，张显在被社会广为关注的"药家鑫案"中发表带有恶意诋毁的言论，试图误导公众，影响公众舆论，进而达到影响判决的目的，自然可以认定是公众人物，则在其作为名誉权被告诉讼中将处于法律保护的不利地位。三是职业领域里公众人物的言论注意义务问题。"药庆卫诉张显名誉侵权案"中的张显作为律师，在特定领域发表的与案件关系十分密切的言论，应该受到职业道德和行业规则的约束。

（二）边界之二：自媒体言论自由与国家利益

出于国家利益的考虑而对言论设置一定的限制是世界各国的通常做

---

[1] 展江、吴薇主编《开放与博弈：新媒体语境下的言论界限与司法规制》，北京大学出版社，2013，第281页。

法。这里主要探讨言论自由与公权力的冲突和平衡的问题。公权力有对权利合法侵害的能力。正是因为公权力有此能力，才有被滥用并对公民的基本权利造成威胁的可能。同时，公权力具有公益性，权力的设定与行使以社会公益为目标，不得以权力设定者和行使者的私利为目标。[1] 从这个意义上，公权力为了国家和社会的安全而限制表达自由具有一定合法性，但同时，借由这个合法的理由滥用职权，侵犯公民的合法权益也存在着可能。"因言获罪"的案例在世界文明发展史上不胜枚举，在中国古代同样不乏其例，上自秦朝的"焚书坑儒"，下到清朝的"文字狱"，都是因言论而引起的著名案例。同时，言论是否入罪还因为国家和社会所处的不同时期和不同状态而有所不同。比如在美国，1798年颁布的《煽动叛乱法》对于散布企图煽动蔑视政府、官员以及他们的行为的虚假的、丑化的或者恶意的文字内容给予惩罚。当时的背景是法国大革命时期，美国政府担心这种革命风暴席卷美国，而且已经做好了备战的准备。而在1919年有名的"抵制征兵第一案"中，明显而即刻的危险原则被提出，即也只有在国家利益和公共利益的面前，公权力才能限制言论自由。下面结合我国现行法律，对言论是否入罪进行探讨。

（1）是否"涉罪"应区分言论的性质。上述"初中生被刑拘案"中，张家川公安局认定初中生杨辉"煽动群众游行"而对其实施拘捕，罪证是杨辉在其自媒体账号上发表的"看来必须得游行了"，由于该言论被转发达到2013年9月最高人民法院、最高人民检察院出台的《网络诽谤解释》所规定的"500次标准"而成为其遭受拘捕的确证。该案引发了如下问题的思考。首先，公民有对国家机关及其公务人员提出批评建议的权利。从该言论针对的对象来看，是针对当地警方。宪法第四十一条规定了公民有对任何国家机关和国家工作人员提出批评和建议的权利。该案中当事人杨辉正是基于这样的权利而对当地警方提出疑问和批评，应当属于正当权利的行使。其次，对价值判断的言论是否应该限制。从该言论的性质来看，此句话是价值判断而不是煽动性言论。所谓价值判断是指认识主体以自己所相信的价值理念、价值标准所进行的判断，带有一定的主观认识局限性，

---

[1] 周永坤：《法理学》（第2版），法律出版社，2004，第250页。

但并不具有煽动性言论所具有的主观恶意特征。最后，对不同言论的限制标准如何界定。该案中，警方作为执法机关，即便认定该言论不当，但在适用司法解释的时候，如何界定事实陈述和煽动性言论，尤其是对事实和法律认知能力不足的未成年人，国家权力机关能否准确认定事实、适用法律、依法审慎处理，显得尤为重要。在上述"'秦火火'寻衅滋事案"中，据称"秦火火"发布谣言计2000余条，其中有很多是对名人的诋毁，如"郭美美是原红会副会长郭长江的情妇""李双江之子非亲生""雷锋生活奢侈"等谣言，这些言论事后被证明是虚假的。这些虚假信息侵害了他人名誉，扰乱了公共秩序，左右和裹挟甚至绑架了公众对该事件的认知，造成不良影响，本应受到惩罚。但同时，在"秦火火"案中，还有涉及对政府在"7•23动车事故"事后处理问题上的关注和质疑，这是公众行使知情权的一种方式，对这部分言论是否可以认定为造谣，或者说从质疑到造谣该如何认定，即怎么区分合理的批评建议和谣言诽谤之间的界限问题，实际上是值得进一步讨论的。网络技术的发展和自媒体提供的便利让资讯更发达，公民有了行使知情权和监督权的空间和条件。同时，公权力出于对国家和社会利益的考量而对言论实施管制的时候，应该区分言论的性质，而不宜擅自动用刑罚。如果说"'秦火火'寻衅滋事案"中的部分言论是否应该受到限制还有争议的话，那么"初中生被刑拘案"中的当事人完全是出于对公共事件的关注，对该种言论的限制则完全是公权力对公民基本权利的剥夺。

（2）"涉罪"的定量标准之"实际被点击数"的合理性。"实际被点击数"是现有司法应对网络信息犯罪的一种策略。"实际被点击数"标准固然是衡量传播人次的重要标准之一，但"点击"并不能代表实际的传播行为，点击、下载、转发似乎是网民的一贯动作,这源于网络传播的典型特征。我们认为，信息的发布、点击、跟帖、转载、下载等以及视频、直播类信息的时长等都是传播的实际行为。因此，可以根据网络传播行为的实际情况，将网站数、帖子数、点击数、下载数、转发数等作为网络传播行为定罪标准的一个因素来考虑。这样可以适当避免司法机关裁量权过大，从而更有利于对该行为的危害程度认定，以便做出更适合的判定。同时《网络诽谤解释》的"5000次点击浏览""500次转发"标准实际传播行为的认定，还要结合该行为是否对受害人造成了严重的后果来认定，因为单纯的点击浏览5000次或转发

500次的实际传播行为并不必然就带来严重的后果,存在严重的后果只是逻辑上的推论,如果只是依照这个逻辑上的推论而作为定罪依据的话,违背了宪法法定原则。如上述"初中生被刑拘案"中,其所谓的煽动性言论并未带来实际的游行后果,而警方适用该标准则有扩大法律解释的嫌疑。

（3）"涉罪"之场所的认定。传统刑法之中的公共场所与网络空间的场所是否等同,即微博、微信等自媒体可否视为公共场所？寻衅滋事罪来源于《中华人民公共国刑法》第二百九十三条中关于"在公共场所起哄闹事的,造成公共场所秩序严重混乱的"之规定。该条是传统刑法意义上的公共场所的认定,一般是指传统社会的物理空间,其与信息时代的网络空间具有一定的区别,这已是不争的事实。那么,自媒体平台可否视为公共场所？笔者认为,传统刑法中的公共场所概念同样适用于网络空间。其论证逻辑是：首先,由于网络的开放性和面向的是不特定的人,其所具有的公共性不言而喻。其次,以往刑事司法解释中已有将网络空间视为刑法中的"场所"的先例。如《最高人民法院、最高人民检察院关于办理利用互联网、移动通讯终端、声讯台制作、复制、出版、贩卖、传播淫秽电子信息刑事案件具体应用法律若干问题的解释（二）》〔以下简称《解释（二）》〕第三条规定,利用互联网建立主要用于传播淫秽电子信息的群组,成员达30人以上或者造成严重后果的,对建立者、管理者和主要传播者依据刑法第三百六十四条第一款的规定,以传播淫秽物品罪定罪处罚。这里的群组包括QQ群,即把QQ群视为公共场所。因为刑法规定的传播淫秽物品罪的构成要求之一就是要求在公共场所进行传播,把QQ群列为犯罪场域之一,表明司法机关认定其为"公共场所"。《网络诽谤解释》第五条进一步对刑法第二百九十三条规定的公共场所进行了界定。"'秦火火'诽谤寻衅滋事案"就是被认定为"扰乱公共场所秩序"定罪处罚的,这已经不存在争议。随着网络技术的发展,微博作为自媒体,已经成为人们生活乃至工作的重要环境,微博等一些社交平台如网络社交平台、网络问政平台、社会组织收集民意与调查社会现实的网络平台,应该同等视为网络公共空间。有人认为,微信仅限于"朋友圈",是相对比较私密的网络个人空间,不能作为刑法视域中的公共空间。但在一定条件下,微信也可以作为公共场所。如在微信设置中添加好友的方式是开放性的或者是默认添加的,加入的完全可能是不特定或多数陌生人的时候，此时微信就并不是少数固定封闭的圈子；另外，现在的微信公众号大都向不特定多数人开放，只要输入关键词搜索，便可进行关注并获得信息，完全可以视为公共场所。

（4）"涉罪"侵害的对象——公共秩序的认定。《网络诽谤解释》第五条第一款规定了"利用信息网络"辱骂恐吓他人的定性原则："利用信息网络辱骂恐吓他人，情节恶劣，破坏社会秩序的，依照刑法第二百九十三条第一款第二项的规定，以寻衅滋事罪定罪处罚。"按照该罪进行定罪处罚，理由之一就是将网络空间认定为公共场所，但是关于"公共秩序严重混乱"如何适用在网络空间，却并没有量化标准。对此有三种理解：其一，网络秩序不能等同于物理空间的秩序，网络中的秩序混乱自然不能按照该罪定罪处罚，否则就有刑罚扩大化趋势；其二，网络社会与现实社会紧密相连，网络中的秩序混乱传导到现实中来，酝酿发酵后最终回归到传统的物理空间，引起公共秩序混乱，自然可以以该罪定罪处罚；其三，虽然网络空间的公共秩序是现实社会中的公共秩序的一部分，但二者不能等同，即不能因为在网络空间中引起公共秩序混乱就认定为"造成公共秩序严重混乱"，只有引发重大群体性事件，或引发民族宗教冲突等时，才能动用最严厉的刑罚手段。笔者认为第三种观点比较合理，诚然，网络与现实社会紧密相连，网络中的个体都是现实社会中真实个体在网络中的体现，但网络中的秩序毕竟不同于现实社会的秩序，只有网络中的秩序混乱引发了现实社会的混乱时，才能认定该罪，否则有罪罚扩大化的倾向。由此可见，网络空间刑事规制对传统刑法形成了极大的挑战。网络社会的到来，无可避免地改变着人们的观念、生活方式，乃至社会治理方式。如网络谣言行为，离开了网络这个温床，就不会爆发其令人关注的危害性，因此这需要刑法及其司法解释的与时俱进。

网络空间并非法外之地，在网络空间享有言论自由权利的同时，不得损害他人的合法权益。这样的案例很多，如"山西彭水诗案""山西志丹单选诽谤案""山西丹凤跟帖诽谤案"等。2010年最高人民检察院决定将诽谤罪上调一级，并明确指出不能把对领导干部的批评、指责乃至过激言论当作诽谤来认定。最高人民检察院的决定也显示出，在言论是否入罪问题上需要进一步明确边界。

（三）边界之三：自媒体言论自由与公序良俗

权威主义传媒理论和苏联的媒体理论都认为，国家机构都有促进国家目标和政策实现的责任和义务。因此，政府有权力也有责任要求媒体为国家目标服务，其中对民众道德的教育和引导一直是政府的目标和任务之一，这样就将道德目标的实现责任转移到媒体身上。道德上的正确和优越是政府威望的体现之一。英国通过普通法或成文法对共谋腐化公共道德的行为、侵犯公序良俗以及共谋侵犯公序良俗的行为进行管治，并追究刑事责任。其所谓对公共道德的腐化不仅仅是指导致某人在道德方面误入歧途，而是在陪审团看来也可能对社会结构产生破坏性影响。在立法上，我国《互联网信息服务管理办法》第十五条所禁止的信息内容有三项与公序良俗有关；在实践中，一些典型的执法案例便是我国政府在网络媒体环境下所进行的"反三俗"运动，如全国扫黄打非工作小组办公室进行的"净网""护苗""秋风"等专项行动。网络空间虽然是虚拟的，但在网络上发生的行为却是实实在在的，它必然跟现实中实实在在的一个自然人相联系，是这个实实在在的自然人的真实行为的体现。网络实名制之后，更代表每一个网络虚拟主体背后都真实存在着一个现实主体，网络主体的行为与现实主体之间有千丝万缕的联系。既然网络并非法外之地，网络主体同样应该尊重国家法律和社会道德。自媒体言论与公序良俗相冲突主要表现为网络谣言和网络色情。网络谣言和网络色情腐化公共道德，影响公共秩序，对于此类信息的规制也是各国普遍的做法。我国刑法有如"传播淫秽物品罪"的规定等。随着青少年上网人数比例的增高，为了防止青少年免遭"黄毒"之害，我国自2006年起针对网络色情淫秽信息开展了长期、连续的信息整治专项行动。

（1）有违公序良俗的一个关键问题是对网络信息传播行为的认定。如前所述，自媒体传播有其显著的特征，传统刑法对传统物理空间的传播行为的规定在面对新技术时逐渐显示出其不适应性。以传播"淫秽物品"为例，其一，从传播的主体的心理状态来讲，传统传播强调传播的主动性，而在网络空间，不论传播主体是故意还是无意，一张淫秽图片一经传播出去，随即迅速被浏览；其二，就结果而言，传统传播针对特定的多人，而网络空间是针对不特定的多人；其三，就传播的中间载体——网站而言，单个的主体可能因为数量小而不构成犯罪，但网站如果接收其成员每人上传一张图片，则网站便成为实际上真正的传播者——展览淫秽图片，或者怂恿传播者。可见，传播行为在网络空间的认定不完全等同于传统刑法，甚至有学者认为"纵容"而不删除就是传播。再比如，通过搜索引擎能汇集所有的淫秽图片而成为淫秽物品的提供者，或提供场所，而这种搜集、汇集服务就是传播行为，以及搜索引擎对于网页"不主动限制"就是一种传播的实际行为等。《网络诽谤解释》第一条对"捏造事实诽谤他人"的规定中，多处使用"散布"一词，"散布"即是传播行为，以及"转发"等带有特定网络特色的词语，都是一种实际的传播行为，并且，与现实社会空间相比，在利用自媒体"散布""转发"不良信息时，因其受众面广、传播迅速且针对不特定人群而导致危害性更大，对被害人的伤害也更大。如"三里屯试衣间不雅视频"事件，一经公开，迅速在各自媒体平台、自媒体圈子传播，在其后两个小时内达到了破亿的传播速度，可见其不良影响之大；"秦火火"作为网络"大V"，拥有众多的粉丝，其对张海迪等人的造谣信息一经发出，影响范围甚广，尤其是张海迪等人长久以来是作为正面形象出现在公众视野中的，起着对国民的教育和引导作用，对其形象的毁坏是对整个社会道德的破坏。

（2）有违公序良俗的另一个关键问题是对该行为发生的场所的认定。自媒体的发展带动了"圈子""群"文化的发展，而这种空间如上所述同属于传统刑法意义上的公共空间。尤其是现在的微信群，虽然是熟人圈子，具有一定的私密性，但其并不是仅对熟人开放，尤其是其群人员在数量上也无事实的限制，而且其具备一定的公共事务参与功能等特征，因此也应视为公共场所。现在的微信群大都人员数量巨大，大都满足《解释（二）》所规定的"成员达到三十人"的人次标准，应视为公共场所。如在"三里屯试衣间不雅视频"事件中，首先从传统刑法物理空间角度看，其发生的场所是传统刑法上物理空间——商场的试衣间，应该视为公共场所；其次从网络空间角度看，该视频在各自媒体平台上传播，自媒体平台也属于公共空间。该视频涉及暴露男女隐私，在公共空间传播，对受众主体尤其是青少年来说，造成了极大的伤害，是一种对公序良俗的侵害。

四、自媒体言论规制的思路

在我们所建造的世界里，从社会中排除所有的自觉的控制，并不能带来自由的繁荣；把自由放到某种自觉的控制之中，才有可能带来自由的繁荣。[1]言论自由需要规制，这在学界是不存在争议的，关键是如何规制、规制的度如何确定的问题。在以往的研究中，学者大都从言论自由的相对性来论证规制的必然性，并以法律规制为主要方式等。人类已经进入前所未有万物互联的时代，网络已经深度嵌入了人类的社会生活。与此同时，网络空间的虚拟性、开放性、技术性等特征又有别于现实社会，其秩序的构建和维护以及网络公共场域的界定和边界等都有别于现实社会，由此而形成的法律问题也与传统社会之下的法律制度乃至法律思维有显著区别，加上网络技术的快速发展和网络的代际演变，更导致了中国网络法律体系的严重滞后，因此网络空间的法律规制问题已经在学界引起重视。如前所述，自媒体言论游离于自由与秩序的边缘，是网络空间诸种法律问题中非常重要之一种，对其规制进行研究，对于维护网络安全秩序、净化网络空间环境、推动网络法治化发展具有引导和推动作用。

具体而言，涉及表达自由的网络法律规制，一方面，我国目前的立法还不是很完善，虽然从宪法到普通法律、法规、规章等都有不同层次的规定，但总体上来说自媒体意见表达规制的基础法律还相当薄弱，相关法律条文大都散见于各个部门法之中，缺乏系统、科学、有效的体系；另一方面，网络是随技术的发展而不断发展的，是处于不断更迭的状态，而法律规范一般都存在滞后性，对已有的法律法规也需要及时完善和补充。同时，网络成为人们生活的重要方面，参与其中的主体个体素质参差不齐，法律规范只是起到其作为一种制度所能起到的引导、教育、惩戒、威慑乃至惩罚作用，网络秩序的发展还需要参与其中的网民的道德自律和素质的提高。因此自媒体意见表达的规制应采取法律规制为主导、行业自律为辅助、从

---

[1] 劳伦斯·莱斯格：《代码2.0：网络空间中的法律》，李旭、沈伟伟译，清华大学出版社，2009，第5页。

单一走向复合、以分权合作的思维进路，构建政府、行业协会及网络服务提供商和公民相互配合、相互协作、权利与义务对等的治理机制。因此，对自媒体意见表达进行深入研究并制定相应的在技术平衡发展之下的规制制度，是当下政府应当正视的重要课题，更是新的传播环境下言论自由的发展之路。

第三节 自媒体言论规制之实然

一、目前自媒体言论规制困境

自媒体的发展为公众提供了一个多元化的话语平台。表达自由的权利体系框架在网络环境下得到扩展和丰富，超越了传统的言论范围，也对传统观念中的社会公共秩序的管控带来挑战。这不仅仅是基于《公民权利和政治权利国际公约》规定的表达自由是"可克减的权利"，更是因为，网络舆论较其他舆论形式，对现实政治、经济、社会、文化与精神产生了更为深刻的影响，网络上的非理性表达模糊了公共意志的真实性，消减了网络民主的价值，以及个人隐私的保护等现实需求。网络言论自由的泛滥已然成为一个世界性的难题。各国都从各自利益出发对网络信息进行监管，宣称是世界人权卫士的美国也不例外，但网络空间言论的监管难度也是全世界公认的，棱镜门事件[1]就是例证。

（一）权利（力）冲突之困

棱镜门事件在全球引起了巨大反响，其中主要原因在于国家安全与个

---

[1] 棱镜门事件，起源于美国的"棱镜计划"。"棱镜计划"是指自 2007 年开始的由美国国家安全局（NSA）实施的绝密电子监听计划。该计划表明，美国国家安全局和联邦调查局启动一个代号为"棱镜"的项目，直接进入美国国际网络公司的中心服务器里发掘数据、收集情报。这些数据包括往来邮件、视频、语音交谈、照片等信息。2013 年 6 月，美国中情局（CIA）前职员爱德华·斯诺登将该计划相关文件披露给媒体。美国舆论随之哗然。

人隐私权与言论自由权之间的冲突和矛盾，也折射了在权利（权力）冲突之下的网络监管的难度。

一是公民私权利之间的冲突。如前述"北京金山公司诉周鸿祎案"便体现了公民个人的言论自由对他人名誉权的侵害，同时，作为在新浪微博加"V"认证的重要人物，周鸿祎是否应当拥有比普通公众更多的话语权，以及是否应当对自我的言论负有更多的注意义务。关于公众人物的言论自由是否应受到比普通人更多限制的问题，在"药庆卫诉张显名誉侵权案"中也有所体现。在虚拟空间中，话语权得到一定的扩张，同时与道德和法律的边界问题产生了一定的冲突，如何对其进行规制以达至公民权利的平衡是个难题。

二是自媒体言论与公权力的冲突。从现代政治权力来源的角度来讲，公民对政治权力运行过程享有知情权、监督权，因此表达权作为公民政治权力实现的基础，是不应受政府限制的。这便是公权力与私权利产生矛盾的根源。通常我们会认为政府在言论规制上是处于中立立场的，然而事实并非如此，在涉及政治性言论方面，政府很难充当一个中立的裁判者。在网络信息迅速传播且控制难度加大的当下，一方面人们开始为新技术的发展侵扰了民主话语的质量[1]而忧虑，另一方面自媒体言论又特别为公权力所关注。"秦火火"为了某种利益驱动，制造传播虚构、捏造的不实信息，引起网民的误信和非理性情绪，扰乱了社会秩序，已经超越了言论的边界，面临的终是法律的惩罚。而"初中生被刑拘案"反映的是网络空间公民的私权利与维护公共秩序的公权力之间的冲突。

（二）制度发展滞后之困

《大数据时代》的作者维克托·迈尔-舍恩伯格曾说过，技术创新可

---

[1] 李晓曼：《当表达自由与民主相悖 美国智库如何作答》。2017年10月6日，名为"全球数字政策孵化器"的研究机构在美国斯坦福大学民主、发展与法治研究中心成立，设立的同时召开了主题为"数字技术与民主"的高峰论坛。其中，在"当表达自由与民主相悖"主题上，Timothy Garton Ash 教授认为，在新的数字世界中，民主话语的质量正在遭遇危机。http://www.china.com.cn/opinion/think/2018-04-08/content_50840055.htm，访问时间：2018年4月18日。

以很快，但是社会适应总是需要时间的。对于政府而言，在这个适应过程中，除了对新技术的适应，更需要适应因技术创新所引起社会生活的变化而需要更新的管理理念。管理理念的滞后自然会更进一步影响制度、政策的制定，从而影响言论领域政府监管的效果。

一是传统媒体监管模式不适应自媒体的发展。传统传播时代，主流媒体都由政府直接建立或者间接控制，无论设立还是信息发布都要经过新闻出版部门或党组织宣传部门的审查，从而确保内容符合主流价值观。而自媒体信息的发布，不用经过报批审查等诸多程序便能够将信息及时迅速地传播开来，从而最大限度地保持了信息传播的真实性、现实感、时效性，也因此，自媒体相较于主流媒体更容易赢得社会公众舆论的青睐。这种既无入户门槛限制又无内容事先审查的自媒体传播，给网络治理带来严重困扰。

二是有关网络言论的立法不健全。目前我国现有的以自媒体言论为调整对象的法律大都是行政法规和部门规章。行政法规和部门规章的制定主体不统一，导致整个法律体系的不系统、缺乏可操作性，且法律位阶较低，缺乏权威性。2017年的《中华人民共和国网络安全法》主要着重于网络安全、网络运营者的责任和义务，对言论自由方面的规制条款较少。同时，对网络言论侵权问题及其责任认定以及司法救济等方面的立法也较为欠缺。

三是行政监管机制不完善。中国正处于转型时期，面对信息发展日新月异的新媒体，传统科层制下的政府监管机制已经显示出力不从心。主要表现在：信息监管主体机构众多，表面上面面俱到，实际上职责不清，形成网络信息政府监管漏洞；自媒体实名制不够全面，实行"后台实名、前台自愿"原则，加上网民素质参差不齐，未能有效约束不良信息的传播，同时对不良信息监管的追查速度滞后于信息传播速度，如曾经显赫一时的咪蒙公众号之"寒门状元之死"事件，是网民自发地一条一条剥离信息的行为才为证实其虚假提供了有力帮助；政府信息不够公开，公民对政策制定与运行缺乏深入了解，对政府的信任不够，增加了虚假信息传播的可能性。

（三）技术创新不足之困

自媒体言论依附于网络空间，而网络空间是一个一体化的技术结构，既包括构建网络所需的基础设施如电脑等组成的物理构造，也包括由计算机技术、网络技术所组成的虚拟构造。从社会学意义上说，由于网络的交流、互动，这个技术结构又成为丰富多彩的空间——一种新的社会场域。正是因为这个虚拟空间依托于技术构造，依托于技术的发展与更新，因此技术的创新性和不确定性也为政府监管带来困难。

一是监管措施永远滞后于技术的发展。一方面，互联网是开放的，很多传统物理空间的规制方式无法直接应用到网络空间；另一方面，移动互联网迅速发展，各种网络平台发展迅速、基数庞大，不同类型的社交平台随着技术的发展不断创新，使得行政规制赶不上技术的发展速度。网络技术作为立法的补充或者弥补立法的不足很有必要。比如对于网络不良信息的传播，可以通过过滤技术或关键词检测技术，屏蔽某些淫秽等不良信息，以保护未成年人，但网络空间时刻存在着规制与反规制的张力，技术防范并非能做到滴水不漏。

二是网络的虚拟性增加了监管部门的技术侦查难度。网络实名制后，理论上每一个网民都对应着其在传统物理空间中的身份，但实际上我们只能分辨出这是中华人民共和国公民，而不是美国或其他国家的公民在上网，仅此而已。而对该网民的具体信息如性别、年龄、地域等并不能快速识别，如果用户注册时资料不完整或者不准确，则更加大了侵权主体的隐秘性和复杂性。互联网本质上是不稳定的，具备破坏式的创新能力，这种创新本身也是不稳定的，如黑客问题，是没办法审查的。

三是自媒体侵权取证难。互联网侵权简单、易发、成本低廉，且侵权后果具有广泛性和不确定性，给取证带来一定困难。侵权信息通过互联网或移动平台进行扩散，以惊人的速度蔓延。一条侵权信息经过无数转发或评论后可能难以确定其源头，而且信息在终端等平台上可以随时发布、随时修改、随时删除，这给确定和收集侵权行为的证据带来巨大困难。

二、我国政府自媒体言论规制的实际做法及存在的问题

（一）我国自媒体言论规制的实际做法

我国自媒体言论规制的实际做法，可以称为自媒体言论的实务界的边界，是相较于前述理论边界而言的。实务界的边界，是指在实务操作中所形成的在现实中为人们所遵守的规则，从广义上包括两方面。一是我国政府部门在长期规制网络言论过程中出台的和在实际执法中适用的规则。当前我国实务界中，关于自媒体言论主要表现为"九不准""七条底线"规则。"九不准"具体指 2000 年国务院公布实施的《互联网信息服务管理办法》第十五条中规定的内容。具体包括：（一）反对宪法所确定的基本原则的；（二）危害国家安全，泄露国家秘密，颠覆国家政权，破坏国家统一的；（三）损害国家荣誉和利益的；（四）煽动民族仇恨、民族歧视，破坏民族团结的；（五）破坏国家宗教政策，宣扬邪教和封建迷信的；（六）散布谣言，扰乱社会秩序，破坏社会稳定的；（七）散布淫秽、色情、赌博、暴力、凶杀、恐怖或者教唆犯罪的；（八）侮辱或者诽谤他人，侵害他人合法权益的；（九）含有法律、行政法规禁止的其他内容的。"七条底线"即 2014 年 8 月 7 日国家网信办发布的《即时通信工具公众信息服务发展管理暂行规定》，规定即时通信工具使用者注册账号时，应当与即时通信工具服务提供者签订协议，承诺遵守法律法规、社会主义制度、国家利益、公民合法权益、公共秩序、社会道德风尚和信息真实性等"七条底线"。2015 年 1 月国家网信办依据该规则以"捏造事实、歪曲国史党史"为由关闭了"这不是历史"等 133 个微信公众号。二是网络社区的规则。因为网络空间有别于现实世界，自媒体言论聚集于不同的平台或社区，每个网络言论平台和社区都定有自己的规则，并在平台上公布，要求社区成员遵守。社区规则是指在网站、论坛等社区里，为规范该社区各种行为（主要指言论自由），社区管理者根据本国法律规定制定的网络行为规范。在该社区注册的成员，要遵守该社区的规则，如果违反该规则可能要受到惩罚。这种惩罚性规定也包含在社区规则中，并被告知，如删帖、屏蔽或限制发言等。

（二）当前自媒体言论规制存在的问题

当前我国政府对网络言论的规制制度比较复杂，涉及立法、执法、司法、行业规范等领域。总体上来看，目前我国关于网络规制的立法存在如下几个方面的问题。

一是法律规定散乱。规范网络空间的法律法规有上百部，但大都位阶不高，散见于各部门法和行政法规之中，大都是政府各部委根据现实需要颁布的部门规章和规范性文件，而非立法机构意义上的法律。2012年底颁布的《全国人民代表大会常务委员会关于加强网络信息保护的决定》是系统规范网络空间信息保护的法律，但其是否能称为"法律"还存在争议；2013年9月10日起实施的《网络诽谤解释》，是专门就利用信息网络实施诽谤、寻衅滋事、敲诈勒索等刑事案件适用法律的若干问题的相关解释，是司法机关在实务中审办该类案件的适用法律的依据。2016年11月通过的《网络安全法》可谓缓解了当下网络规制立法散乱之现状。但《网络安全法》更倾向于网络信息安全角度的考虑，对言论的规制及自媒体侵权等责任的认定等方面涉及较少。

二是行政主体多元。对言论进行管理的各政府部门依据其自身制定的行政规章扩张其在网络空间的管理权力，从而造成职能交叉、主体多元。如2006年中央16部门联合印发的《互联网站管理协调工作方案》，其规制主体包括公安部、教育部、文化部、信息产业部、国家保密局、国家广电总局等众多部门，其效果可想而知。自媒体言论范畴涉及众多领域，如出版、新闻、个人言论等，内容也涉及诸多方面，如政治、经济、社会、文化等，在没有对言论内容进行分类的前提下，所有言论都归于政府的规制之下，很多部门都有规制权。比如，网络中的不良信息，根据现有规定，多家国家主管部门都有权将其纳入管理范围。这种立法的结果，导致很多部门对网络言论都有监管权和行政处罚权，都把网络不良言论纳入自己的管辖范围。"面对权利时一哄而上，面对义务和责任时相互推诿"[1]的现象时有发生；

---

[1] 周汉华：《网络空间法治化建设》，http://www.china.com.cn/opinion/think/2014-11/27/content_34163677.htm，访问时间：2019年10月10日。

在司法实务中也导致司法机关的无所适从；在执法领域，不同地区的政府规章针对相同的问题会做出不同的规定，执法部、权责不一致的现象，多头执行现象，增加了执法的随意性，为执法主体为部门利益或纯粹个人声誉而规制言论埋下了伏笔。

三是网络立法公众参与度不高。我国的网络监管立法明显呈现对策性立法特征，如"九不准""七条底线"的限制性规则，都是为了临时适应网络某一阶段时间出现的某些现象而做出的规定，从宏观角度来讲其不具有适应性，这种应急性立法缺乏公众的参与。

四是强调政府监管，缺乏网络监督主体权利的救济性规定。重监管轻救济，缺少对政府因违法行使监管权力而侵害网络主体合法权益的救济性规定，这是行政立法中的普遍形象，即强调政府对互联网的监管，而对个人权利的保护重视不够，禁止性规范多而授权性规定少，造成权利与义务不对等。这种强调监管还体现在政府的运动式执法中，如最近几年我国针对网络行为的诸多专项行动。在言论规制方面，近几年我国政府出台了各种各样的专项整治活动。如2008年1月22日公安部等13个部门（公安部、中央宣传部、最高人民法院、最高人民检察院、教育部、信息产业部、文化部、国家工商总局、国家广电总局、新闻出版总署、国务院新闻办、银监会、全国扫黄打非工作小组办公室）联合开展的依法打击整治网络淫秽色情等有害信息专项活动，以及连续多年开展的"剑网"专项行动等。这种专项行动强调的是政府监管，是传统行政管理的管制方法，企图控制言论的入口，而忽略了自媒体传播的新特点，更忽略了规制对象的权利实现，导致规制效果不佳。

第五章　自媒体言论的公法规制

网络已经深深地嵌入了人类的社会生活。网络技术的快速发展和网络空间的代际演变，加大了网络空间秩序的构建和维护的难度。互联网规制在各国的发展都经历了一个从开放到控制，再到因政府管理理念的转变、社会各界的参与从而使互联网的规制从管理思维转向治理思维的转变过程，这种转变的结果使得公私规制主体间的合作更为密切。因为建立一个干净的网络空间，不仅需要法律和技术的双重力量的不断完备，更需要网民个人的自律和自重。

第一节　自媒体言论表达的宪法保障与规制

对言论自由的限制是一个非常复杂的问题。经典言论自由专家如密尔、弥尔顿等都未能为言论自由确定一个具体的边界，而网络言论自由更复杂，如劳伦斯·莱斯格等网络言论自由专家也未能为其设计具体的边界。因为网络言论自由不仅涉及一国宪法、法律，还涉及一国的文化传统、社会习俗、经济社会发展水平、对法治的认可度等因素，同时还涉及言论本身的复杂性问题。其中，宪法对言论自由的限制和保障起到统领性作用。言论自由作为公民的基本权利，对其实施具体限制必须在宪法中找到依据，因此宪法必须从根本法的高度确定言论自由的限制原则以及从宏观上确定言论自由的限制条款。这样，下位法才能据此实施具体的限制手段或保障措施。

一、我国宪法框架下的言论自由

言论自由就其本义来说，应该是发表各种言论的自由，不仅包括政治领域的言论自由，也包括个体精神自由等。但长期以来，言论自由在我国宪法框架下被狭义地解释为政治言论自由。1983 年出版的"文革"后第一部宪法学教材《宪法学》中就将言论自由与公民的选举权和被选举权归入政治权利和自由概念之下。这种影响至今存在。言论自由作为一种古典自由权，它的意义应该不仅仅局限在政治领域，而中国为什么将其他言论保障排除在宪法保障之外，对此陈明辉博士解释了两种原因并做了分析和论证。其一是源于对苏联宪法的借鉴。1936 年苏联宪法第五十条第一款规定"为了适应人民的利益以及巩固和发展社会主义制度，保障苏联公民享有言论、出版、集会、游行和示威自由"。该条第二款还规定："实行这些政治自由的保证是：为了劳动人民及其组织提供公共场所、街道和广场，广泛发布消息和提供报刊、电视及广播的机会。"我国现行宪法是以 1954 年宪法为蓝本修改而成，而 1954 年宪法制定的基本参照就是 1936 年的苏联宪法。其二是因为我国刑法中规定的剥夺政治权利条款就包括了言论自由，因此言论自由只能是政治权利，如果宪法中的言论自由还包括非政治言论，被剥夺政治权利的人岂不是失去了说话的权利。但事实上，我国宪法关于言论自由的条款虽然一定程度上借鉴了苏联宪法，但我国现行宪法毕竟没有像苏联宪法一样明确将言论自由归为政治自由。对于第一种解释，随着社会的发展，在权利实现以及保障方面都有所拓展，尤其是改革开放以来，在人权观念和学说的发展基础上，言论自由的内涵也有所发展。对于第二种解释，因为是以刑法来解释宪法，而不是用宪法来解释刑法，所以这种观点不可取。[1] 因此，将言论自由的属性只限定在政治权利范围，并没有严肃的法理依据，而随着人权学说的发展，以及宪法学界的反思，言论自由的属性逐渐从政治言论自由转向一般性的言论自由。随着自媒体时代的到来，言论表达的媒介和场域有了更大的拓展，网络言论不仅在公共领域

---

[1] 陈明辉：《言论自由条款仅保障政治言论自由吗》，《政治与法律》2016 年第 7 期。

有重要的价值，即使传统意义上的言论自由，私人意见表达对于自我价值的实现和提升也同样重要。但我国现行宪法对言论自由的规定比较简洁，亦缺乏相应的权利保障条款。因此，政府、网络运营者以及网民在网络世界这个新型社会领域中要共建一个和谐的言论空间，还有待实务界和理论界共同推进。

二、我国宪法对表达自由的概括性规定

表达自由在我国宪法中是一种概括性规定。宪法第三十五条从正面规定了言论自由，即"中华人民共和国公民有言论、出版、集会、结社、游行、示威的自由"；第四十一条除了规定公民有对国家机关及其工作人员的批评建议权外还规定了一个"但是"条款，即"不得捏造或者歪曲事实进行诬告陷害"；第五十一条是公民自由行使的限制性条件，即"不得损害国家的、社会的、集体的利益和其他公民的合法的自由和权利"。不论是第三十五条的保障性条款还是第五十一条的限制性条款，都可作为表达自由保障的根源性依据。这两个条款对表达自由的规定起到了统摄性作用。我国是成文法国家，基本权利由宪法确认，但对基本权利的具体内容以及具体的保障方式则由相应的普通法来实施，表达自由亦如此。这种表达自由权利保障方式，有学者将其称为表达自由的相对保护模式，以区别于以美国为代表的绝对保护模式。这种保护模式使得表达自由高高位于宪法之中，其具有以下作用，一是为限制言论自由找到宪法依据，二是为下位法或者表达自由保障性法律起到指引作用。但"高处不胜寒"，宪法的统领性作用和宣示性作用解决不了实实在在的权利实现，并由此而带来一系列问题。

首先，宪法保障性条款第三十五条中没有明确"表达自由"之概念。该三十五条作为表达自由的根本所在，其所规定的"言论、出版、集会、结社、游行、示威的自由"实际上就是表达自由的列举，可统称为表达自由，但宪法并未对此概念予以明确，因此有可能因多种术语内涵或外延不同而造成理解上的差异。因为表达自由发展至今，经历过多次演变，在概念上有言论自由、新闻自由、表达自由等差异会因此而引发理解和适用上的差异。表达自由是目前国际上通行的称谓，在宪法上予以明确，既是与国际法的

其次，宪法应该明确表达自由同样适用于网络空间，以作为宪法对网络社会的应对。这不仅仅是宪法层面的问题，同时也是普通法对网络空间表达自由保障的基础，只有解决了网络表达自由的宪法身份问题，才能为此后限制或者保障网络表达自由铺平道路。因此，基于宪法的稳定性，应通过全国人大常委会进行宪法解释，明确网络空间表达自由的宪法地位。实践中，自2003年以来出台的部分有关网络的法律法规对网络空间的表达自由进行了规定，如2010的《中华人民共和国侵权责任法》规定的网络用户利用网络侵权时网络服务提供者的责任等，都涉及网络空间的表达自由问题，这种情况下，尤其有必要在宪法中明确网络空间的表达自由。

最后，宪法对表达自由的确认是普通法对表达自由的保障依据，同时也是其他法规对表达自由规制的依据。我国宪法中对表达自由的概括性规定，其部分条款的不明朗有可能导致下位法在保障表达自由方面无所适从，在规制表达自由时肆无忌惮。比如，宪法第五十一条表达自由限制性条款中规定限制的理由为"国家的、社会的、集体的利益"，这种规定太笼统，具有高度不确定性和模糊性，对其解析也只存在于学理之中，由此在法律适用中带来一定的混乱。2004年宪法修正案将该条改为"公共利益"，但"国家的、社会的、集体的利益"与"公共利益"，笔者认为二者内涵应该不尽相同，比如从权利主体的角度来讲，集体的利益和公共利益还是存在很大的差异。实践中，有对该宪法条款规定的"公共利益"的进一步规定，如2015年1月，国家网信办以"歪曲党史国史"为由关闭了包括"这不是历史"等133个微信公众号，依据是《即时通信工具公众信息服务发展管理暂行规定》第六条规定的"七条底线"。这七条中有六条是宪法第五十一条规定的六项要求，可作为对该宪法条款的列举式处理，但即便如此，仍不能说"公共利益"就概念明确、边界清晰。《出版管理条例》第二十五条规定的十项内容，同样是对宪法第五十一条的类型化处理，虽然在一定程度上将"公共利益"限定在了一个范围，作为法律限制表达自由的依据，仍然没有达到"概念清晰、内涵明确、外延确定"的状态。由于公共利益是界定政府行为合法性的必要界限，对其概念的进一步明确显得尤为必要。

三、宪法限制表达自由的界限

表达自由作为一项基本人权，受到各国宪法和国家法的确认，但国家同样可以基于国家安全、公序良俗、人格尊严等正当事由对表达自由进行限制。

（1）国家安全。国家安全是指"一国法律确认和保护的国家权益有机统一性、整体性免受任何势力侵害的一种状况"[1]，是一国公民共同利益之所在。如前所述，自媒体传播的去地域性使世界已然成为一个地球村，信息在这个地球村内流动；同时，随着各国对网络认识的加深以及网络空间犯罪的增多，没有哪一个国家不对网络空间加以规制，网络空间成了被一个个主权国家分割的"信息空间"。我国 2015 年出台的《国家安全法》第二十五条首次明确了"网络空间主权"是国家主权在网络空间的延伸和反映。因此网络空间的言论受一国主权的限制，其主权范围是言论自由权的边界。网络世界也是由国家、区域甚至在区域之下再细分的局域网络组成的，也就是说，一条信息要经过本地链接到区域链接再到国家链接才能走向世界。这样一来，言论自由在一国主权范围之内实际上是受多重限制的。正是基于主权保障，世界各国普遍认为应该给予网络言论自由以限制；同时，正是因为国家安全与主权关系密切，在相关问题上很多国家会对此问题进行扩大化解释，由此导致一些国家以国家安全为由限制言论自由。基于国家安全的考量而限制言论自由，要把握好必要的限度，在实施这种限制时必须谨慎考量，仔细加以平衡，以防借由国家安全之名行压制言论自由之实。

在处理国家安全与表达自由的问题上，各国的做法不尽相同，因为国家安全的考虑会受一国所处的政治背景和整个安全局势的影响，比如在战争期间，相对于国家安全，公民的表达自由权利收紧，在政治动乱时期，亦如此；在和平时期，公民可能会享有较多的言论自由权利。即使存在这样的不确定性，国家安全成为世界各国限制表达自由的理由几乎不存在争

---

[1] 吴庆荣：《法律上国家安全概念探析》，《中国法学》2006 年第 4 期。

议。总体上来说，国家安全包括政治安全、信息安全、意识形态安全、民族宗教领域的安全等，与国家安全相关的言论，具体包括危害国家统一、主权和领土完整的，即危害国家政治安全的言论；泄露国家秘密、危害国家安全，损害国家荣誉或利益的，即危害国家信息安全的言论；破坏国家意识形态、国家认同感、民族认同感的，即危害国家意识形态的言论；煽动民族仇视、民族歧视和破坏民族团结的、宣扬邪教的，即涉及国家、民族、宗教领域的言论。

（2）公序良俗。公序良俗是公共秩序与善良风俗的总称。"网络传媒虽然为公众自由表达意见、宣泄内心情绪等提供了便利渠道，但其内含的强大的社会动员能力亦容易导致'群体极化'等社会弊端，一旦网络中的非理性力量掌握或控制了网络言论表达的主导权，则很可能在'群体极化'效应的刺激下导致严重威胁或侵害社会公共秩序的情况发生，也正是因为此，基于公共秩序缘由限制网络表达自由获得了国际社会的普遍认可。"[1] 同时，公权力对社会秩序和道德观进行干预和塑造，避免公权力权威影响力和执行力在社会中的弱化也是各国通行的做法，例如英国通过普通法或成文法对共谋腐化公共道德的行为、侵犯公序良俗以及共谋侵犯公序良俗的行为进行管治，并追究刑事责任。我国宪法第二十四条所规定的"社会主义精神文明建设"，以及第五十三条对公民的"尊重社会公德"要求，都是宪法层面对公序良俗的规定。《互联网信息服务管理办法》第十五条所禁止的信息内容有三项与公序良俗有关。2014 年出台的《即时通信工具公众信息服务发展管理暂行规定》第六条中规定的"七条底线"之一就是关于道德风俗的。而在实践中，典型的执法案例便是我国政府在网络媒体环境下所进行的"反三俗"专项运动。据中国互联网违法和不良信息举报中心统计，2016 年 1 月共受理网民举报 262.9 万件，其中淫秽色情类有害信息举报达 137.8 万件，占比 64.7%。[2] 淫秽色情信息是违反公序良俗的主要内

---

[1] 邓炜辉：《网络表达自由的国家保障义务——兼评"法释〔2013〕21 号"对网络言论的刑罚规制》，《甘肃政法学院学报》2015 年第 1 期。

[2] 姜红玉：《论我国网络表达自由的法律限制》，硕士学位论文，河北师范大学法政与公共管理学院，2016，第 23 页。

容,不仅如此,宪法中规定的教唆他人犯罪、传授犯罪方法的言论,以及违反人伦、违反正义的言论和行为,都可以归于公序良俗范围。总结起来主要包括:(一)违反性道德的内容,如色情图片、直播性变态、性暴力等;(二)宣扬暴力犯罪、直播犯罪方法、宣扬赌博凶杀、恐怖或者教唆犯罪等;(三)以宗教名义散布谣言、宣扬迷信邪教,扰乱公共秩序等。在网络空间,这些有违公序良俗的网络信息以图片、文字、视频、直播等方式传播,往往图文并茂、真实刺激,对青少年以及文化层级较低的受众会产生一定的迷惑性和不良影响。

(3)人格尊严。人格尊严在我国法律体系中缺乏实施性保障条款,学界关于人格尊严的研究也起步较晚,大概始于2000年以后。在整个宪法价值秩序中,人格尊严通常被认为是作为公民法律权利基础的一种"元权利",一切关于基本人权的规定都是由它引申而来。在绝大多数国家,按照宪法权利位阶的金字塔式排序,人格尊严和表达自由同属于宪法序列,但人格尊严显然处于这个序列的顶端。[1] 我国2004年宪法修正案中明确规定"国家尊重和保障人权",人格尊严是人权的内在体现;宪法第三十八条确认了"公民的人格尊严不受侵犯。禁止用任何方法对公民进行侮辱、诽谤和诬告陷害"。网络空间表达自由权同样必须以尊重他人人格尊严为前提和基础。因此,公民在行使网络表达自由时必须对其予以足够的尊重和维护,超越此界限即构成对他人权利和自由的侵犯。自媒体的传播特点更侧重于对人本身的关怀、对个性化的体验,主观色彩更加浓厚,其更贴近人格尊严的实现,与表达自由存在冲突的可能性更大。当然,关于公众人物与普通公众的人格权益的保护差异,以及公民监督权的正常行使等问题,应该在宪法限制表达自由统摄作用的前提下尊重和保护人格尊严,并落实到普通法中,以区别不同身份以及不同言论之下的主体人格权保护。

---

[1] 孙平:《冲突与协调:言论自由与人格权法律问题研究》,北京大学出版社,2016,第61页。

第二节　自媒体言论自由的行政规制

我国政府向来注重舆论的宣传与引导。网络空间作为重要的舆论场域，一直为我国政府所重视。就政府规制而言，广义上包括立法规制、司法规制和行政规制[1]，其中，行政规制是行政行为方式中的重要形态之一，是指行政主体为了维护秩序或者事先防止危险，而对私人的自由和权利进行的限制，或者对其赋课义务的行政行为方式，[2] 通过这种规制方式，达致社会公共利益的实现。网络言论的行政规制，是指根据法律授权的网络行政主体为实现政府管理的目标而采取的相关管理活动。行政规制本质上是行政规制权力的运行，虽然行政规制领域改革一直在推进，但该领域的制度构建和理论框架均存在缺陷和不足。而网络技术的飞速发展，更对行政规制提出更高的要求。我国自1994年正式接入互联网以来，网络言论的行政规制规则已经由粗放转向细密，但是，在政府这张强大的规制之网下，网络空间中的色情、诽谤、暴力依然存在。目前，由于相关法律法规的制定和完善难免带有滞后性，各地对网络言论的监管缺乏协调和统一，有些网信领导干部的思维方式有待转变、工作方式有待提升等诸多问题依然存在，净化网络言论空间，引导网络舆论，还网络以清朗，仍然是当前推进网络强国建设的一个现实而紧迫的课题。

从法律的角度来讲，行政规制是在行政法框架内，由行政主体实施的对行政相对人提出的规制性要求。反过来，从现代政治权力来源的角度来讲，公民对政治权力运行过程享有知情权、监督权，因此表达权作为公民的政治权利实现的基础，是不应受政府限制的。这便是公权力与私权利产生矛盾的根源。在言论自由领域，这种矛盾更为明显，通常我们会认为，政府在言论规制上是处于中立立场的，然而事实并非如此，在涉及政治性言论方面政府很难充当一个中立的裁判者；在非政治性言论方面，政府也

---

[1] 江必新：《论行政规制基本理论问题》，《法学》2012年第12期。
[2] 杨建顺：《中国行政规制的合理化》，《国家检察官学院学报》2017年第3期。

往往会借由社会秩序等理由限制公共意见表达。因此，在网络信息迅速传播且控制难度加大的当下，为避免权力权利冲突，行政权对自媒体意见表达的规制，应当根据信息传播者的不同身份、传播的不同环节，有区分、有重点地进行规制，既避免公权力的过分干预而限制了公民的基本权利，也防止自媒体意见表达的肆意而侵害整个社会秩序。

一、区分不同言论内容

目前，言论自由受到政府压制的案例中一般会对涉事公民冠以诽谤罪之名，如前述"初中生被刑拘案"，且多实施行政处罚，如劳教、关押、超期羁押等，带有明显的行政特色。在这些案件中，多是公民发表了对政府或某些政府公务员的怀疑或不满的言论，这种言论多被认为与所谓的"政府名誉权"或政府公务人员名誉权相冲突，或称之为"公共诽谤"，是与私人诽谤相区别的。私人诽谤所侵害之私人名誉权可以通过自诉来维护，而"公共诽谤"多是政府、党政官员为惩罚或控制言论而提起的名誉权诉讼，其中浸透着公权力行使的泛滥。我国宪法第四十一条中规定了公民享有对国家机关及其工作人员的批评建议权，公民多以此宪法依据来行使其监督政府的权利；然而，该条同时还规定了"不得捏造或歪曲事实进行诬告陷害"，这就为公权力借由诽谤侵害其名誉权而打压言论自由留下了退路。因此应以言论内容为区分，实现宪法对言论自由的不同保护和限制标准。

（一）不受规制的言论

言论按照其所涉内容不同可分为公言论和私言论。这是美国学者亚历山大·米克尔约翰对言论所做的分类，是为解决现实中美国言论自由保护的相对性还是绝对性问题之争而采取的权宜之举。米克尔约翰所说的公言论是指"与统治事业有关、代表人们参与自治过程中的言论"[1]。公言论禁止政府对其做任何限制。私言论指"非政治性言论，是与统治事务和自治过程无关的言论"[2]，私言论在符合正当程序的情况下可以受到干预。我们

---

[1] 陈明辉：《言论自由条款仅保障政治言论自由吗》，《政治与法律》2016年第7期。
[2] 陈明辉：《言论自由条款仅保障政治言论自由吗》，《政治与法律》2016年第7期。

在这里姑且不论该理论提出的美国现实背景以及该理论是否具有合理性，因为要把言论绝对地区分是困难的，而且实践中对言论自由的保护和限制也不是二选一的结果。由于在我国当下自媒体言论表达中，确实存在公民因评论政府或政府公务人员而遭受政府打压的情况，在个案中也的确存在自媒体侵权而用宪法中的言论自由条款来抗辩的事例，因此有必要区分普通公民之间的涉私言论和公民对政府及政府公务人员的批评的言论，以实施不同的保护和限制。基于这样的逻辑思维，我们认为，不受规制的言论包括以下几种类型。

一是参与公共事务管理的言论。参与公共事务管理的言论受到宪法的保护，源于宪法规定的言论自由的目的的实现。言论自由具有多重价值，如有利于传播知识、发现真理和确保个体的自我实现等。综合我国宪法第十九条至第二十四条的规定，除了包含"确保个体的自我实现"之外，还有宪法第二条第三款规定的"人民依照法律规定，通过各种途径和形式，管理国家事务，管理经济和文化事业，管理社会事务"，即参与社会管理是公民的一项宪法权利。意见表达是人民参与管理的最常见最直接也是最有效的方式。参与公共事务管理的言论，有的学者将其称为政治性言论，因其"首先提供了'言者无罪'的根本保障，其目的是让公民毫无顾虑地积极参与政治过程，畅所欲言地监督政府……这不仅是政府合法性的基础，而且是民主政治运行良好的表现"[1]。现代宪政表明，一切政治权力来源于人民，人民有权了解政治过程和参与社会的管理，公共意见和公共决策的制定过程也需要人民的参与。因此，对于公共事务发表的言论，对各种社会制度（如教育制度、生育制度、产权制度等）发表意见，进行评论，参与决策制定过程或对决策发表建设性评议等，都必然不应受到限制。

二是批评公众人物的言论（公众人物作为原告一方）。宪法第四十一条第一款明确规定"中华人民共和国公民对于任何国家机关和国家公务人员，有提出批评和建议的权利；对于任何国家机关和国家工作人员的违法失职行为，有向有关国家机关提出申诉、控告和或者检举的权利，但是不

---

[1] 湛中乐：《自媒体时代公众人物言论自由与隐私权的冲突与协调——由毕福剑不雅视频事件说开去》，《学海》2015年第4期。

得捏造或者歪曲事实进行诬告陷害"。根据该条，公民有批评政府和政府公务人员的权利。政府公务人员最初是指公共官员。公共官员概念来自西方，指在政府雇员层级中拥有或在公众看来对政府事务拥有重要责任或能控制事务的人，但是随着社会的发展，政府与私人之间的区别正在模糊，公共官员的概念发展到公众人物。这种概念的扩张与演变，正是因为表达自由与名誉权的冲突所导致的，也是表达自由的权利保护的扩大。

（1）公共官员概念的扩展。公共官员的概念起源于20世纪五六十年代美国的"《纽约时报》诉沙利文案"。该案发生于美国民权运动时期，《纽约时报》刊登了一则为民权运动领袖马丁·路德·金受到亚拉巴马州伪证罪指控的辩护筹集资金的广告。因广告部分内容失实，蒙哥马利市政专员沙利文认为部分不实内容构成对他本人的诽谤，于是提起诽谤诉讼。根据亚拉巴马州的法律，政府官员受到出版商的诽谤，出版商必须书面道歉，否则可要求惩罚性赔偿。据此，沙利文胜诉。基于当时的民权运动背景，该案又进入联邦最高法院审理。在该案的审理中，大法官布伦南认为，本案的广告虽然是商业言论，但其性质是出于公共利益，是出于对政府部门滥用职权的不满而发表的言论。他进而认为，对公共事务的辩论不应受阻挠，尽管这些辩论可能包含对政府和公共官员的激烈、尖刻的猛烈攻击，除非宪法要求禁止政府官员向与其职务行为有关的、不真实的诽谤索取赔偿，除非他能够证明这种言论具有"实际恶意"，即明知虚假或漠然不顾事实真伪。最终，联邦最高法院改变了原来的判决，案件发回原审法院。可以说，"《纽约时报》诉沙利文案"具有里程碑意义，它充分肯定了公民对公共官员进行批评的权利，并提出了公共官员的概念，这是美国联邦最高法院对表达自由的创造。自此，由"《纽约时报》诉沙利文案"初步界定的公共官员定义，以及经由随后的几起如"罗森布拉特诉贝尔案""柯蒂斯出版社诉巴茨案"的发展，公共官员定义和公共利益概念不断完善并成熟，并被各国引用。如果说由"《纽约时报》诉沙利文案"提出了公共官员的概念并经过"罗森布拉特诉贝尔案"确定了公共官员的范围，即公共官员就是对政府事务负重要责任或能控制政府事务的人，那么在1967年的"柯蒂斯出版社诉巴茨案"和"美联社诉沃克案"则把公共官员的范围进行了扩大并进而提出了公众人物的概念，即将"《纽约时报》诉沙利文案"的"实际恶意"原则运用于公众人物。公众人物意为掌握着大量独立的公共利益或卷涉于重大公共利益之中的人,后来这个范围又有所扩大,指涉入公共利益或卷入公共事务中的普通人。该概念引入我国相对较晚。对政府官员,我国没有明确的法律规定;2002年上海静安区法院在审理"范志毅诉文汇新民联合报业集团侵犯其名誉权案"中首次在判决书中使用了公众人物的概念。该案件引用了公众人物概念并将范志毅作为公众人物对待。该案中,范志毅是主张言论自由的一方。公众人物作为被关注、评论、监督的对象,因其掌握着社会公众资源,与普通公众是不可同日而语的,但仍需要对其范围进行界定。但到目前为止,我国现有法律条文中仍找不到关于公众人物的界定。学界关于公众人物倒是有广泛讨论,但对于公众对公众人物的评论如何启动言论自由保护机制的问题,以及公众人物为原告时采用何种判断标准则讨论较少;并且,由于缺乏具体的法律规范,导致司法不统一现象严重,存在同案不同判现象,如有的案例判决倾向于公众人物对轻微损害应予容忍和理解,有的判例倾向于公众人物应该享有普通人名誉权的同等保护,有的判决基于公众人物名誉权的脆弱性而更需要保护等。

(2)公众人物的范围。我们认为公众人物包括以下几类。一是公共官员,指在政府中实际拥有或在公众看来拥有对政府事务的重要责任,或能控制政府事务的人。二是文艺界、影视界、体育界明星。各类明星的私人生活是公众的兴趣所在,他们的喜怒哀乐、衣食住行、言谈举止、生老病死、婚姻恋爱乃至各类丑闻都是公众关注的对象。三是劳动模范、先进工作者和科技界、企业界等社会各界知名人士。这类人具有广泛的社会影响力、道德示范力以及社会价值引导作用,其工作、生活、言谈举止等为公众所关注。四是其他公众人物,主要是附属性公职人物和偶然性公众人物等非自愿公众人物,前者包括高级领导的家庭成员、身边工作人员以及领导干部犯罪案件中的共同犯,他们都有可能成为公众知晓的人物;后者是因特定事件而进入公众视野的人物。这些现实生活中存在的公众人物,有可能进入网络空间,如果经过实名认证或拥有一定的粉丝量,便会继而成为网络上的公众人物,即网络"大V"。不论其是现实中的公众人物还是网络空间的"大V",他们因与公共利益直接相关而广为公众所知晓,其人格、行为、言论都深远地影响着社会价值的判断,具有良好的宣示效应和法律、道德导向作用，对其关注是公众知情权和监督权得以实现的重要方面，因而评论公众人物的言论不应受到限制。

（3）公众人物确定的原则。对公众人物的界定并非如此简单，首先身份的认定还包括诸多复杂的因素，其分类的界限也并非如此清晰，比如对公共官员来说，有"高阶官员"和"一般公职人物"之分，存在职务高低之别；就广为公众知晓的程度来说，有的公众人物如影视明星等虽然广为公众知晓，但其并非与公共事务或政治事务有关联；即便是拥有对公共事务决断的实际权的高官，也同时享有公务生活领域和私人生活领域，二者也难泾渭分明地加以区分；等等。因此对公众人物的界定，要结合"身份＋公共利益"来判定。其一，并非所有的公众人物都是名誉权侵权法意义上的公众人物，判定的标准应该更精确，即以其是否对公共事务具有实质性的影响力为标准。如上文提到的刘德华的粉丝杨丽娟为公众所关切，但并不关乎公共利益，应排除在名誉权法律意义上的公众人物之范围。其二，并非所有关涉公众人物的言论都具有"公共性"，应该同时考察其言论内容，如此才能鼓励公共言论的发展空间，推进民主的发展，并推动公民私言论自由的健康发展。

以上是对不应该受到限制的言论的探讨。同时，对公言论的界定还需要注意两点。一是属于个人价值判断的意见表达不应当受到管制。当公民基于公开的事实发表价值判断时，尽管不可避免地渗透着个体的个人价值观，但那仍然是基于客观发生的事实而作的判断，而非曲解事实，所以这样的言论应该受到保护。二是理性对待公共事务言论中的错误表述。当公民因未能了解全部真相而产生误判或者因受个体逻辑思维能力局限而影响其正确判断时，这样的表述也不应该受到限制，因为错误的讨论更能接近真相或推进真相早日进入公众视野。现实中，我国对于以上涉及公共利益或政治问题的言论多采取不同形式的规制，理由是破坏政府形象、影响社会稳定等。网络作为一个特殊的空间，可能是网民情绪的一个"泄愤口"，因此对于自媒体言论，政府应该对以人为本的理念给予宽容，亦可将其看作是网络民意的"晴雨表"，督促相关部门敏锐察觉网络民意的变化，并及时调整决策、改进方式，进而推动社会共同进步。

（二）相对限制的言论

名誉权与言论自由同属于宪法保护的两种基本权利，协调二者的利益冲突是一个复杂的问题，以言论内容为区分，即以言论内容是否涉入"公共性"为区分，兼顾名誉权和言论自由的保护，是一种平衡选择的结果。我国宪法第三十五条所规定的是公民享有的相对言论自由权利，受到宪法的相对限制和保护。受到相对限制的言论包括纯粹私人言论、商业性言论、娱乐言论以及色情言论等。与受到绝对保护的公言论不同，相对限制的言论多表现为涉及公民作为个体与其他公民或私主体之间的关系的言论。该言论的限制适用真实抗辩原则，如果发言者能够证明其言论是基于事实的真实陈述，即便该言论对他人造成了名誉权的损害，也无须承担侵权责任。

（三）绝对限制的言论

危害国家安全的煽动性言论、侵害他人名誉权的诽谤性言论以及刑事犯罪、威胁、教唆犯罪等言论，不受保护。此一节内容将在后面刑罚规制中论述。

二、区分不同表达主体

（一）网络运营者

2017年出台的《中华人民共和国网络安全法》规定了网络运营者的网络安全保护义务、落实网络实名制的义务、对网络用户发布信息的管理和报告义务。《全国人民代表大会常务委员会关于加强网络信息保护的决定》要求网络服务提供者应当加强对其用户发布的信息的管理，发现法律、法规禁止发布或者传输的信息时，应当立即停止传输该信息，采取消除等处置措施，保存有关记录，并向有关主管部门报告。这就要求网络经营者或者网络服务提供者从技术层面对网络信息进行筛查管控，最大限度地减少网络上非理性信息的发布。对网络经营者或者网络服务提供者的规制，主要是监管其是否履行法律规定的义务。对依法不履行网络安全管理义务的网络经营者和网络服务提供者，由电信主管部门采取相应的行政强制措施或者进行行政处罚。目前，对网络不法信息的筛查主要由公安机关的网络监察部门负责，网监部门除了通过关键词进行筛查，还使用大量的人力进行人工筛查，属于事后的监督。我们认为，对网络信息进行管理，应当在充分保证公民言论自由权的前提下，在电信主管部门的监督下，引导互联网企业充分发挥技术优势，主动实现本企业互联网信息的严格筛查，创造更加良好的网络环境，从发布源头上杜绝网络信息乱象的产生。

（二）自媒体用户

自媒体用户分为个体用户和机构用户。对于自媒体个体用户来说，因其身份不同又分为不同种类，有普通个体用户和网络"大 V"之分，其中，自媒体普通个体用户是指在网络平台上实名注册个人账号的用户，如个人微博、微信账号，个人 QQ 主页等；网络"大 V"是指在微博、微信等自媒体上十分活跃，有着大量粉丝的网络上的公众人物，如上述现实生活中的公众人物的自媒体账号、因特殊职业如律师、记者等和因特殊事件而进入公众视野进而在网络上拥有大量粉丝的自媒体用户。自媒体机构用户，是指经过认证的机构账号，包括微博机构账号和微信机构账号（微信公众号）等。公号因其非个人属性，机构内部有监督和管理机制，也是行政监管部门的重点监控对象，其发布的信息真实性和权威性比较高。因此对自媒体用户的规制主要是对自媒体个体用户的规制，包括普通用户和网络"大 V"。

（1）普通用户。基于网民的个体素质、认知能力、法治素养等差异，一方面，他们对信息往往没有辨别能力，无论真假都会接受并转发，有的网民甚至会加上自我的价值判断意见和评价再转发，使得原本真实的信息由于在传播过程中加上了网民的主观情绪而变得大相径庭；另一方面，由于个体需求的千差万别，网民基于个体喜好把不经过加工的原生态自我信息发布出去，借助网络的匿名性特征，在传播过程中就会突破伦理道德和法律的底线，造成了网络信息的真假难辨、良莠不齐。因此，对自媒体普通用户实行可追索匿名制是一种可行的办法。网络安全法要求网络用户进行实名注册，"前台可匿名，后台实名"，以规范自媒体传播。实行可追索匿名制，自媒体用户在前台的信息可以是实名，也可以是匿名，匿名时能够保障其表达自己真实意愿的权利，同时若其传播的信息是虚假违法信息，则可以通过后台的实名进行处理，同时也使自媒体用户自身有后顾之忧，不敢肆无忌惮地发表言论，从而达到净化自媒体环境的目的。

（2）网络"大V"（公众人物为被告一方）。上述公众人物作为被评论的一方即作为名誉权侵权法意义上的原告一方，可以存在于网络中，也可以存在于现实社会中，存在于网络空间中便是网络"大V"。网络"大V"作为公众人物，相较于普通公众拥有更多的话语权，其在行使言论自由权时，应当承担比普通公众更多的注意义务，或者说，公众人物因其身份或职业涉及公共性或公共利益而被广大公众关注，处于随时随地都有可能被监督的状态，因此其行使权利更应该比普通人谨慎。在网络状态下，网络"大V"拥有数量可观的粉丝，被粉丝们无上拥戴，他们在自媒体上发布一条言论或进行一次转发往往会引发无数的点击和转发，就会使得该信息迅速火起来。有人说一个"大V"其实已经相当于半个媒体——他们时时引导着互联网上的言论和话题。目前在我国网络空间中，因缺乏相应的监督管理机制，网络"大V"随意性比较大，发布的信息虚假性和主观性较大，但由于公众对知名人士的崇拜或追捧，使得这些个人账号可能成为许多网络虚假信息的策源地。理论上说，网络"大V"的表达自由本该受到一定的限制，有学者称之为"一般限制"[1]；同时，网络"大V"作为公众人物，除了受一般限制外，其言论还要受其专业（个人）领域的职业限制。因为，每一个网络"大V"之所以能成为公众人物，因其是不同领域、不同职业中的知名人士或是党政部门的领导人员。根据其身份职业的不同，其言论在其所属领域应该具有不同程度的影响。鉴于这种身份的区别，网络"大V"除了受一般限制外，还要受特殊限制。在行政规制的具体措施上，从身份来讲，网络"大V"首先是网民，可以通过对普通用户的"可追溯实名制"方式来对其进行规制；同时其身份又是网民中的VIP，拥有大量粉丝，具有社会属性，因此对其的规制应当遵循"事前行政指导，事中严格管控，事后行政处罚"的原则，在其发布信息之前进行教育指导，使其承担应有

---

[1] 湛中乐：《自媒体时代公众人物言论自由与隐私权的冲突与协调——由毕福剑不雅视频事件说开去》，《学海》2015年第4期。

的社会责任;在其发布了虚假违法信息或者引发了网络群体性事件时,要查封其账号;在查清事实后,应依法给予相应的行政处罚或追究行政责任,打击利用互联网造谣和故意传播谣言的行为。

另外,对自媒体用户进行规制应该注意以下问题。其一,公众人物隐私权的保护问题。从权利的起点和类别上看,公民的隐私权和名誉权属于私权,公众的知情权、公民和媒体的批评监督权属于公权,理论上不应该直接冲突。言论自由权和隐私权同属于公民的基本权利,但对同一公众人物来说,是倾向于保护公民的言论自由权还是公众人物的隐私权,则要看言论所指向的该隐私的范围。就宪法上的人格尊严的规定来看,宪法第三十八条规定禁止采用任何方法侵犯人格权益,实际表明人格尊严之隐私权在价值位阶上要高于言论自由权,只是因为公众人物的特殊身份,法律才考虑在二者之间寻求平衡。公众人物的私人生活、私人信息、私人空间应不受侵犯,但这种界定也需要根据个案进行具体分析,比如公众人物之公共官员的个人不道德的私生活会对其职务行为带来一定的影响,因而不能作为隐私来保护。其二,应当注意公民个人信息的保护问题。个人信息属于隐私权范畴。为了保障公民的知情权,通常情况下,政府应当尽可能地公开信息,《政府信息公开条例》实施以来,在一定程度上保障了公众的知情权。政府作为国家管理机器,收集并保持着个人的大量信息,虽然《政府信息公开条例》规定除了涉及国家秘密、商业秘密是政府不能公开的范围之外,个人隐私也属于不公开的范围,但因政府工作的疏漏而导致个人信息被泄露的事例不在少数;同时,随着网络传播技术的发展,网络上各种侵犯个人隐私权的行为如"人肉搜索""网络跟踪"等现象频繁发生。总结起来,个人信息泄露包括以下几个方面。一类是"曝光型"事件。如微博打假中随时随地拍摄乞讨儿童;武汉市公布首批不文明市民名单及部分市民照片;网友曝出的违法车辆号码及其车牌照信息;在网上流传而引发"人肉搜索"的监控超速车辆内不雅照片等。二是"定位型"事件。如重庆发生的 GPS 手机 24 小时监控官员行踪;北京市科委通过媒体宣布北京将通过技术精确定位出行、工作等情况等。上述事例中既有因政府在管理过程中的行为不当而造成的侵犯隐私权行为,也有公民个体借助传播技术的发展侵犯隐私权的行为。网络安全法明确要求网络经营者、网络服务提供者、相关行政机关对收集的个人信息应当严格保密，并建立健全用户信息保护制度，并明确规定了个人信息的范围。人格权益是人格尊严的体现，是宪法对公民作为人的关照，如果为了规制网络空间而挤压公民的人格权益则显得得不偿失。

三、区分不同表达环节

（一）事前预防：政府信息公开与事前审查制度

首先，进一步完善信息公开制度。自媒体传播为公民言论表达权、参政议政权的行使提供了更加便利的渠道，公民民主参与的热情要求获得更多的知情权，对信息公开的要求也更高，当政府不能满足公众信息公开的要求时，一些虚假信息、非理性信息就会充斥网络，形成强大的舆论，加上传统媒体的跟进，从而形成网络舆情。因此对自媒体言论进行事前预防的首要环节是进一步完善政府信息公开制度，满足公众知情权，还原事实真相，避免乱猜疑、乱评论。《政府信息公开条例》自2008年实行以来，尤其是党的十六大以来，政府信息公开不断深化，对提升我国政务公开水平发挥了积极作用，但以传统媒体为主要载体的政府信息公开制度已不能适应自媒体时代公众对信息的需求。主要表现在：一是政府信息公开的方式滞后。我国现行政府信息公开虽然可借助互联网公开，但多是在门户网站上公开信息，政府门户网站的信息传播渠道是单向的，互动性不强。政府为适应自媒体时代信息公开的要求，也开通了政务微博、政府部门微信公众号，但对于与公众的沟通和互动以及公众质疑信息的回应等仍然不主动，对一些热点事件不能进行有倾向性的引导，致使其引领性作用发挥不到位。二是政府信息公开的内容无法满足公众知情权的需要。如上所述，由于《政府信息公开条例》中没有明确国家机密、商业秘密、个人隐私的范围，对于公众关切的热点事件往往以涉及国家机密而回应不够。三是政府信息公开的程序不适应自媒体时代的要求。对于自媒体信息传播应遵循"黄金四小时"规则，但《政府信息公开条例》以及各部门关于信息公开的规定中都没有关于网络信息公开的程序规定。自媒体言论传播的双向性、时效性特点，倒逼政府信息公开必须变被动公开为主动公开，变单向公开为多渠道、多层次的双向沟通，并完善政府信息公开的程序。

2019年，随着社会各界的呼吁和党中央、国务院对政务公开工作的重视，立法部门对《政府信息公开条例》进行了修订，修订后的《政府信息公开条例》于2019年5月15日起施行。新《政府信息公开条例》在扩大主动公开范围及深度、提升政府信息公开的在线服务水平、取消依申请公开的"三需要"[1]门槛等方面，都有诸多改进。新《政府信息公开条例》要求人民政府加强政府信息资源的规范化、标准化、信息管理，加强互联网政府信息公开平台建设；推进政府信息公开平台与政务服务水平融合，提高政府信息公开在线办理水平；加强依托政府门户网站公开政府信息的工作，利用具备信息检索、查阅、下载等功能统一政府信息公开平台集中发布主动公开的政府信息；等等。这种改进将对政府信息公开的深度和广度有很大推进作用。

其次，改进事前审查制度。目前对自媒体言论信息的事前审查有两种途径：一是自媒体用户在注册账号时，网络服务提供者根据法律规定要求用户提供实名信息，并对实名信息进行审查；二是对自媒体用户发布的言论信息，通过搜索关键词、屏蔽敏感词的方式进行审查，或者通过人工审查使部分可能涉嫌违法的信息无法被发布，或者及时停止传输违法信息。前者是网络实名制，后者为技术手段的控制。对于实名制，目前我国主要是由网络服务提供者在注册用户提请申请时对其进行形式审查。这种形式审查无法避免自媒体用户在被采取禁言、查封账号的措施后会再申请一个账号来规避制裁。后者是技术规制，技术规制主要指通过言论的过滤和分类技术，适时获取不当信息并采取相应审核措施。过滤技术即通过设立具体的标准来对网络上相关言论内容进行筛选，将不符合标准的言论内容自动屏蔽。另外，对于关键词的屏蔽，目前仅对文字有效，而自媒体信息除

---

[1] 所谓"三需要"，是指在政府信息依申请公开的要件中，除了形式要件外，还需要实质"三需要"要件，即《政府信息公开条例》第十三条规定的公民、法人或其他组织向行政机关申请政府信息公开需根据"自身生产、生活、科研等特殊需要"。这种规定的预设使申请人申请信息公开的目的是自身相关利益的需要，而不是公开而公开。

了文字，还存在大量图片、视频、网址等类型的信息，并且文字屏蔽系统也已被人们利用多种手段绕过，无法消除自媒体言论的负面影响。因此，必须尽快改进审查技术，不但要对网络实名制进行实质性审查，还要做到智能屏蔽。

（二）事中监管：明确各监管部门的职责分工

关于对自媒体意见表达的监督管理，我国采取多部门分工负责的管理模式。根据我国相关法律法规的规定，有监管权的部门涉及电信、网信、新闻、文化、公安等多个部门，出现九龙治水的局面。为了解决该问题，国家出台了网络安全法，企图明确各监管部门的职责范围。但笔者通过分析发现，网络安全法作为网络安全管理的基本法，虽然在第八条分别规定了国家网信部门、国务院电信主管部门、公安部门和其他部门的职责范围，但其表述为"国家网信部门负责统筹协调网络安全工作和相关监督管理工作。国务院电信主管部门、公安部门和其他有关机关依照本法和有关法律、行政法规的规定，在各自职责范围内负责网络安全保护和监督管理工作"，而我国现有关于自媒体言论的法律规范，主要是部门规章和规章以下的规范性文件，涉及的多个部门分别出台自己的规章，各自的规章对于各自的职权划分并没有详尽的规定，甚至出现交叉重叠的现象，职责范围的不明确会导致在实践中各部门之间出现争抢管辖权或者互相推诿的现象。另外，互联网的各个领域之间存在着密切的联系，并不是独立存在的，甚至各个领域都在寻求融合更多的元素进入自己的服务，如移动互联网就是电信的手机业务与互联网的融合，网络用户通过手机互联网发布新闻信息，就是电信、互联网和新闻的融合，等等。这样由多个部门来监管，又无法厘清各监管部门的职责，势必导致监管的混乱，各部门之间的协调配合难以实现，从而削弱了监管的效力。所以，尽快出台与网络安全法相配套的法律或者行政法规，明确哪些部门有监督管理权，各自的监督管理职责范围是什么，以保证各监督主体分工明确又协调统一，进而实现对自媒体意见表达的有效规制，净化自媒体网络环境。

笔者通过对现有法律规范的梳理，结合实践中存在的问题，认为规制自媒体意见表达的管理部门及其分工可如下：一是国家网络安全和信息化领导小组（即网信部门）从整体上统筹协调各个行政监督管理部门的工作；发现法律、行政法规禁止发布或者传输的信息时，责令有关管理部门要求网络运营者停止传输，采取消除等处置措施，对构成违法行为的进行查处；统筹协调有关部门加强网络安全信息的收集、分析和通报工作，按照规定统一发布网络安全监测预警信息。二是电信主管部门主要负责网络经营者和网络产品、服务提供者的进网许可或者备案，并进行监督管理；依法受理对危害网络信息安全行为的举报；对网络经营者或者网络服务提供者不按照法律规定履行网络信息安全管理义务及执法协助义务的行为进行查处；负责对提供公众信息服务的网络服务提供者和网络"大V"的信息进行备案。三是国家安全机关主要负责对利用网络散布虚假信息和危害国家安全的犯罪行为进行打击处理。四是公安机关主要负责指导、组织实施公共信息网络和国际互联网的安全管理、监察和保护等工作；对利用网络散布虚假信息，扰乱社会秩序或者侵犯他人合法权益的违法犯罪信息进行查处；负责对互联网用户的备案。五是新闻出版管理部门主要负责对提供公众信息服务的网络服务提供者的资质进行审查，并进行审批或者备案。六是文化部门主要负责对网络经营场所的审批和监管，对网络经营场所负责人不履行网络安全保护义务的行为进行处罚。

（三）事后惩罚：适度警示效应

在保障表达自由和规制表达乱象时，需要考虑警示效应，即人们由于担心事后遭受严厉的惩罚而不敢任意发表言论，同时，当警示效应缺失时，整个社会又将充满不实的言论而让人惶惑不安，也严重影响思想的发展。所以，通过立法规定哪些行为是禁止性行为，违反该禁止性行为将承担什么法律后果，以及维持适度的警示效应是必要的。

（1）对网络运营者的惩罚。具体来说主要包括以下几类应受行政处罚的违法行为：一是网络运营者未要求用户提供真实身份信息或者对不提供真实身份信息的用户提供相关服务的行为；二是网络运营者、网络产品或者服务的提供者侵害个人信息的行为；三是网络运营者未停止传输、采取消除等处置措施、保存有关记录的行为；四是不提供执法协助义务的行为。有上述行为的，由电信主管部门责令改正，拒不改正或者情节严重的，给予罚款、责令暂停相关业务、停业整顿、关闭网站、吊销相关业务许可证或者吊销营业执照、没收违法所得等行政处罚,并对直接负责的主管人员和其他直接责任人员处以罚款。

(2) 对自媒体用户的惩罚。根据网络安全法和治安管理处罚法的规定,自媒体用户可能涉嫌的违法行为有以下几种:一是设立用于实施违法犯罪活动的网站、通信群组,或者利用网络发布涉及实施违法犯罪活动的信息的;二是窃取或者以其他非法方式获取、非法出售或者非法向他人提供个人信息的;三是散布谣言,谎报险情、疫情、警情或者以其他方法故意扰乱公共秩序的;四是扬言实施放火、爆炸、投放危险物质扰乱公共秩序的;五是写恐吓信或者以其他方法威胁他人人身安全的;六是公然侮辱他人或者捏造事实诽谤他人的;七是捏造事实诬告陷害他人,企图使他人受到刑事追究或者受到治安管理处罚的;八是多次发送淫秽、侮辱、恐吓或者其他信息,干扰他人正常生活的;九是散布他人隐私的;十是煽动、策划非法集会、游行、示威,不听劝阻的;十一是利用计算机信息网络传播淫秽信息的。对于上述网民的违法行为,由公安机关给予拘留、罚款的行政处罚。但令人遗憾的是,网络安全法没有明确规定对网络公众人物的惩罚。自媒体所具有的自组织特征,显现在网络中便是"圈""群"等特征,其对信息的传播是具有一定的影响力的。如网络公众人物,拥有无数的粉丝,加上其个人的人格魅力影响,使得其言论具有比普通公众更高的影响力,更会引发普遍的关注,因此应在《治安管理处罚法》的基础上实施比普通自媒体用户更严厉的处罚。

通过以上的梳理可以发现,当前我国自媒体言论的监管主要有以下几种方式。一是以实名制为主的主体入网规制。随着网络空间侵权现象日益严重,我国推行了"网络实名制"。2012年的《关于加强网络信息保护的决定》规定,网络服务提供者在与有入网需求的用户签订协议或对其提供服务时,应要求用户提供真实的身份信息。2015年的《互联网用户账号名称管理规定》强调,互联网信息服务提供者应当按照"后台实名、前台自愿"的原则要求互联网用户通过真实身份认证后再注册账号。实名制通过对网络主体入网时的身份认证和信息发布后的追溯,实现网络空间的净化功能。二是以"专项行动"为主的有害信息清理。对于网络上存在的不符合社会主义价值观的不良信息，通常以"扫黄打非""净网"等专项行动进行综合治理。主要采取删除、屏蔽、封号等技术手段，对含有淫秽、色情的文字、图片、视频等信息进行清查，情节严重的还会采取罚款、拘留等强制措施。近几年我国政府开展了各种各样的专项整治行动。如2008年1月22日公安部等13个部门联合开展的依法打击整治网络淫秽色情等有害信息专项行动，以及连续多年的"剑网"专项行动等。这种专项行动强调政府监管，企图控制言论的入口，但忽略了自媒体传播的新特点，更忽略了规制对象的权利实现，导致规制效果不佳。三是以内容为控制对象的法律惩治。这是我国对网络言论规制的主要形式。根据相关法律法规和部门规章，对不得发表和传播的言论采取列举的方式予以明确，大致包括危害国家利益的言论、损害公共利益的言论、损害其他公民合法权益的言论，以及其他禁止性言论。[1] 总体上，我国网络言论型犯罪，大体可分为从侵犯国家法益为核心的煽动宣扬型、以侵犯社会法益为核心的编造传播型和以侵犯个人法益为核心的侮辱诽谤型三种。[2] 四是对网络服务提供者的综合规制。网络服务提供者作为中间商，在信息传播过程起着中非常重要的作用。我国实行的是由网络监管部门对网络服务提供商进行直接监管，并对网络服务提供商课以严格的责任和义务。网络服务提供商一方面对自己所提供的服务、信息负有责任，同时还负有对网络中存在的非法、有害的言论内容配合有关部门进行监管、控制的义务，主要包括维护网络安全、保证内容合法、保留并提供记录。此外，还有以道德倡导为主的行业自律约束。可见我国网络言论的规制体系较为复杂，体现了多样性和层次化特征。

从以上规制方式可以看出，我国网络空间言论治理体现出三条基本逻辑，即集权主义逻辑、行为主义逻辑和绝对主权主义逻辑。这种治理逻辑基本是从传统物理空间治理的角度出发的。[3] 集权主义逻辑以国家信息垄断和话语权控制为前提，行为主义逻辑以行动者的线下人际关系固定化为视角，绝对主权主义逻辑强调国家享有以地理疆域为界限的绝对管辖权。

---

[1] 柯卫、汪振庭：《我国网络言论的法律规制》，《山东社会科学》2019年第3期。
[2] 刘艳红：《网络时代言论自由的刑法边界》，《中国社会科学》2016年第10期。
[3] 郑智航：《网络社会法律治理与技术治理的二元共治》，《中国法学》2018年第2期。

但自媒体传播下公民的权利（力）认知已经发生改变，网络空间的时空观念变得模糊，热点信息传播切换频繁，网民的思想观念、行为模式都有别于传统物理空间，用于传统物理空间的强调监管、控制、"专项"行动性质的治理模式已经不适用于网络空间。宪法第三十五条对言论自由的规定只是一种原则指引，是一种概括性规定，没有更具体的保障性的法律规定，在现实中实际发挥作用的是行政法规和部门规章，由此产生立法层级不高、执法主体多元等问题。网络实名制后，理论上每一个网民都对应着其在传统物理空间的身份，但实际上，如果该网民的具体信息如性别、年龄、地域等不能快速识别，如果用户注册时提供的资料不完整或者不准确，则更加大了侵权主体的隐秘性和复杂性；"后台实名、前台自愿"原则下，当不良信息监管的追查速度滞后于信息传播速度时，在这个"空白"时段自媒体信息的传播速度足以让一条不良信息覆盖网络世界的大部分角落。同时，由于相关法律法规的制定和完善难免存在滞后性，各地对网络言论的监管缺乏协调和统一，有些网信领导干部的思维方式有待转变、工作方式还有待提升等诸多问题依然存在，净化网络言论空间，引导网络舆论，还网络以清朗，仍然是当前推进网络强国建设的一个现实而紧迫的课题。

第三节 自媒体言论表达的刑法规制

一般认为，表达自由受宪法保护，因此不可能有"因言获罪""因言治罪"等情况的发生，否则就是侵害了公民的宪法权利；有学者甚至认为，表达自由根本不能被限制，如范忠信教授以《意见表达权能被剥夺吗》为题，从宪法、世界各国刑法、人权的角度论证其不能被限制的理由。网络空间中也经常充斥着这样的辩论。然而任何自由都有其边界，没有毫无约束的自由。正如美国斯坦福大学法学教授劳伦斯·莱斯格所说："在我们所建造的世界，自由并不因从社会中除去一切有意的国家控制而得以发展；反之，自由的发展，恰恰因为其被置于某种有意的控制之中。"[1]任何一国的法律都有关于因为言论而入罪的规定，只是标准不同、界限相异而已。自媒体视域下，言论因表达的便利，以及新的技术禀赋下信息传播更为迅速，同样存在法与非法的界限问题，因此对网络空间下自媒体言论的刑法规制需要调整思路，按照"罪行法定"原则，界定自媒体环境下网络言论犯罪的入罪标准，明确对自媒体网络言论犯罪行为的制裁措施。2015年《中华人民共和国刑法修正案（九）》规定了网络服务提供者的信息安全管理义务，《最高人民法院、最高人民检察院关于办理利用信息网络实施诽谤等刑事案件适用法律若干问题的解释》规定了相关网络信息犯罪行为，如对通过信息网络实施侮辱、诽谤，编造、故意传播虚假恐怖信息等。因此，网络言论犯罪可以定义为，违反互联网言论自由法律规定而应受刑法处罚的行为。以下论述建立在自媒体言论犯罪类型化的基础上，结合表达自由、国家安全、公序良俗、人格尊严的宪法限制等依据，探讨网络煽动型犯罪、网络侮辱诽谤型犯罪、网络谣言型犯罪的刑法规制问题。需要说明的是，这种分类实际并不周全，三个罪名之间相互有一定交叉，比如谣言型犯罪中有以国家和政府为侵害对象的，与网络煽动罪有一定的交叉，又如针对个人的谣言侵害了当事人名誉权的，也可以诽谤罪认定等。我们做如此分类只是为了论述方便。

一、网络煽动型言论犯罪

（一）煽动性言论与煽动型犯罪

对煽动性言论的制裁在历史上古今中外皆有。煽动性言论往往是一种政治性言论，或者带着一定的政治目的，其侵害的法益往往是国家利益和社会利益等公共利益。因此，煽动性言论大都与批评政府或政府官员的言论有关。在美国宪政史上，批评政府或政府官员往往会被认为犯了煽动性诽谤罪。美国继承了英国普通法的反煽动传统，在建国初期利用1798年的

---

[1] 劳伦斯·莱斯格：《代码2.0：网络空间中的法律》，李旭、沈伟伟译，清华大学出版社，2009，第4页。

《反煽动叛乱法》大肆镇压持不同政见者。直到近代，英国统治阶级为了维护君主政体的稳定，法院在审判煽动性言论时，被告甚至不能以言论的真实性作为无罪抗辩的依据。这是因为，煽动性言论表达大都是对政府行为的批判，关涉一个国家的政治民主化进程，所以特别为人们所关注。我国历史上关于煽动型言论犯罪的记载最早见于《礼记·王制》："行伪而坚，言伪而辩，学非而博，顺非而泽，以疑众，杀。"在中华人民共和国成立初期，也曾经有《惩治反革命条例》规定了类似的罪行。我国现行刑法第一百零五条第二款规定："以造谣、诽谤或者其他方式煽动颠覆国家政权、推翻社会主义制度的，处五年以下有期徒刑、拘役、管制或者剥夺政治权利；首要分子或者罪行重大的，处五年以上有期徒刑。"

　　以上所言煽动性言论及其犯罪都发生在传统物理空间。网络煽动性言论，是指以互联网为平台，使用鼓动性的文字、图片、视频、音频等形式作为传播符号，激化受众情绪，使受众有意识或无意识地按照传播者的意图进行相关活动的言论行为。网络煽动性言论区别于传统煽动性言论的一个显著特点，是这种行为发生在网络空间。自媒体的创新性技术传播手段为网络煽动行为提供了更便利的信息传递、组织策划、舆论营造等条件，因此其危害性更大。目前，没有一个国家轻视此类言论犯罪问题，如美国、加拿大等国都规定了煽动型犯罪，新加坡甚至有专门的《煽动法令》，我国亦不例外。我国刑法中规定的煽动型言论犯罪主要包括煽动颠覆国家政权罪，煽动分裂国家罪，煽动民族仇恨罪、民族歧视罪，煽动军人逃离罪和煽动暴力抗拒法律实施罪。除了刑法之外，《中华人民共和国国家安全法》、《关于维护互联网安全的决定》、网络安全法等都对"煽动性言论"做了禁止性规定。同时，为促进我国互联网健康发展，维护国家安全和社会公共利益，2000年12月28日第九届全国人民代表大会常务委员会第十九次会议通过的《全国人民代表大会常务委员会关于维护互联网安全的决定》第二条第一款规定，"利用互联网造谣、诽谤或者发表、传播其他有害信息，煽动颠覆国家政权、推翻社会主义制度，或者煽动分裂国家、破坏国家统一"的行为，构成犯罪的，要追究刑事责任。

（二）网络平台上煽动型言论犯罪的新特点

在网络中，煽动性言论表现出了新的特点。一是犯罪主体年轻化、多元化。对新科技的掌握和应用，年轻人要快得多。比如伦敦骚乱的参与者，多数为年轻人。他们在脸书（Facebook）上进行宣传、策划和煽动，并利用网络进入的低门槛吸引了更多更趋于低龄的人。二是隐蔽性更强。与传统公共空间相比，网络这个社群更容易只通过图片、文字等形式的信息传播，就能把一些相关的人聚焦起来，组成一个虚拟的"共同空间"，其隐蔽性更强。三是犯罪意识淡薄、主从犯身份确认困难。很多人并不知道自己通过网络传播、转载犯罪信息的行为的严重性；在海量的网络信息中，也很难寻找信息发出的源头，因此很难确认谁是主犯、谁是从犯。除此之外，还有取证难、线上线下互动推动信息快速生成、发展等特点，导致其危害更大。

（三）网络煽动型犯罪应注意的问题

对于网络空间的煽动型犯罪，已经不能从传统的视角来审视了，其表现出诸多新特点，如犯罪主体呈现年轻化和多元化。年轻化这一特征与网民年龄结构具有一致性，多元化特征表明，除了年龄特点外，犯罪主体有时并非带着一定的政治目的，而是受网络情绪渲染、淡化了主体意识，盲目地参与犯罪活动。2011年8月6日开始的英国骚乱事件[1]充分说明了这一点。同时，由于网络言论传播迅速及极具随意性等特点，除了以国家利益为侵害对象外，还存在针对公民个人的煽动性言论，如2013年网络上盛

---

[1] 这是一场主要由年轻人引起的社会骚乱，参与者以10多岁的青少年为主，年龄最小的可能还不到10岁。起因是，2011年8月4日，马克·达根（男，1982年生，非洲裔黑人，4个孩子的父亲）乘出租车在伦敦街头遭警方拦截，双方发生枪战，达根身中两弹，当街死亡。英国官方表示，反枪支犯罪警队怀疑达根非法持有枪械，于是布控拦截。事实证明，达根确实持有一支未注册的手枪。当地时间2011年8月6日，一场在伦敦城北举行的要求"伸张正义"的示威活动突然演变为暴力事件，一百多名青年在夜色中焚烧警车、公共汽车和沿街建筑，切断交通，占领高速公路，劫掠数十家店铺。8月8日，骚乱蔓延至伯明翰。8月9日，蔓延至利物浦。这场骚乱的主要特点是利用网络"散布谣言、组织犯罪"。

传的"温州经济要挽救，先杀第一财经日报记者陈周锡"的帖子[1]，引起轩然大波。这种在网络上针对个人的煽动性言论，会制造和鼓动网络上的暴戾之气，造成恶劣的社会影响，给当事人带来安全威胁，进而可能会转化为现实的暴力。这些都是煽动型言论犯罪进入社交网络之后呈现的区别于传统煽动型言论犯罪的新特点，是传统煽动型言论犯罪在网络环境中的异化，应该引起重视。

网络煽动型言论犯罪如果直接指涉国家安全的，犯罪目的性强，法益指向明确，如煽动分裂国家罪，可根据刑法第一百零三条第二款、国家安全法第四条以及《关于维护互联网安全的决定》第二条第一款来定罪。"明显而即刻危险"原则是美国联邦法院为应对国家安全与言论自由之间的平衡而提出的原则，意指当言论对国家安全的威胁迫在眉睫时才可以限制。该原则成为各国所普遍确认的基于国家安全而对言论自由做出限制的一般原则，对当今网络空间亦具有重要作用。对于网络煽动型言论犯罪的界定，需要注意以下几个问题。第一，因为煽动罪是目的犯，本罪的设定主要是危害国家和社会的安全利益，要以实际危害结果的发生为标准。第二，规定除罪事由，如纯学术观点、纯粹表达见解的行为等，要免予处罚。第三，区分言论的性质，如现阶段网民因政治觉悟不高，对党和国家的方针政策产生错误认识而公开发表不满的网络言论，因网民对国家政策不满而发牢骚的言论，网民因疏忽大意无意形成的错误言论，网民因不了解形势而在网络空间传播谣言，等等，都与危害国家安全的言论有着本质的区别，不应以煽动型言论犯罪来认定。

但实际上，网络煽动型言论大都并非指向国家和社会的安全利益等法益，而是引发群体性事件，导致线上线下社会秩序紊乱。如2014年2月25日南京官员殴打护士事件中，个别人借助该事件在网上发布煽动性帖子，积极组织线上线下活动，发表"如果不严惩，全市医生护士罢工到市政府游行"等言论，该事件虽然在网络上引起舆情不断升温，但并未引起实际的结果发生。而在2015年的南京出租车罢运事件中，发起人"东土方丈"在南京出租车行业内部交流QQ群发布"周五罢运"的信息后，引起了全

---

[1] 杨涛：《网络煽动暴力会让暴戾蔓延》，《中国青年报》2013年10月17日，第2版。

城罢运,并最后发展到砸车、打人的不良后果,该首倡人虽然被问话,但并未受到处罚。从这些事件的发生可知,有些因网络煽动性言论而引发的群体性事件,并非指向国家和社会的安全,也并未引起现实社会的骚乱,因此不应以煽动型言论罪入罪。

二、网络诽谤型言论犯罪

(一)网络环境下的诽谤罪

《中华人民共和国刑法》第二百四十六条规定,诽谤罪是指故意捏造并散布虚构的事实,足以贬损他人人格,破坏他人名誉,情节严重的行为。从该法条来看,诽谤罪,侵犯的是他人的人格权益,侵犯的对象是自然人,须有捏造某种事实的行为,须有散布捏造事实的情况,须是针对特定的人,须是情节严重的才构成犯罪。行为、诽谤,作为法律术语,是指通过向第三者传播虚假事实而损害他人名誉的行为。[1] 可见诽谤与表达自由有着天然的冲突。诽谤性言辞既可以是书面的,叫书面诽谤;也可以是口头的,叫口头诽谤。诽谤性言辞不仅可以针对个人或自然人,也可以针对国家或组织。针对个人或自然人的,损害的是个人或自然人的名誉;针对法人组织的,损害的是法人组织的商誉。而无论是个人名誉还是商誉,都可以归属于名誉权。[2] 对个人名誉或商誉的诽谤可以称为私人诽谤,针对政府或国家的诽谤叫公共诽谤。口头诽谤多以直接的方式(面对面)将诽谤信息传播给数量上和对象上不特定的第三人,因此口头诽谤具有实时性和不确定性,因为无法固定证据,而使追查诽谤者的责任难度加大。诽谤与表达自由权利一样古老,比如古罗马的《十二铜表法》第八表第一款规定,以文字诽谤他人,或公然歌唱侮辱他人的歌词的,处死刑。设置诽谤法的目的是保护名誉或荣誉,隐私同样是诽谤法所要保护的重要内容之一。表达

---

[1] 王四新:《网络空间的表达自由》,社会科学文献出版社,2007,第290页。
[2] 商誉是一种财产性利益,财产性利益是一种无形的财产或知识产权,属于法人名誉权的重要组成部分。参见张新宝:《中国侵权行为法》,中国社会科学出版社,1998,第206页。

自由要求不受限制地传播各种思想和信息，从这一点上来看二者所要保护的利益和实现的价值是相互冲突的。所以，在历史上，诽谤法一度成为统治者用来打压、限制表达自由的工具。统治者用诽谤法惩罚敢于批评政府的报纸和个人，也用诽谤法对潜在的批评者进行恐吓，使其不敢发表有损政府或政府官员形象的言论。[1] 而表达自由正是在这种对抗的张力下不断发展着。如在最早提出并构建表达自由制度的英美国家，表达自由就是在国家和封建君王滥用权力控制出版业的过程中形成了其最初的形式——言论和出版自由。

自媒体传播技术在丰富了言论表达的方式、扩张了信息传播范围的同时，也带来了言论侵权的潜在风险，当前网络诽谤的泛滥正说明了这一点。世界上各国对刑法规制诽谤的理论不一，有很多国家已经做到了诽谤除罪化处理，或者规定了诽谤行为入罪的限制适用。但网络诽谤是传统意义上的诽谤行为发生于网络空间，具备诸多区别于传统意义上的诽谤行为的新特征。基于网络信息传播的全域性、匿名性、多元性特点，网络诽谤不仅传播速度极快、范围极广，而且行为的主客观表现也日趋复杂，导致在刑事领域造成了诽谤罪适用时的认定难题。[2] 面对这一困境，2013年最高人民法院、最高人民检察院颁布了《网络诽谤解释》，力求提供网络环境下言论信息相关犯罪，主要是诽谤罪认定的明确标准，对常见的网络上捏造散布、篡改散布、明知虚假散布等复杂行为明确了入罪定性标准，并对情节严重等要素规定了量化标准，这无疑为认定网络诽谤提供了相对清晰的依据。[3]

（二）网络诽谤罪认定争议问题

应该说，《网络诽谤解释》是对刑法第二百四十六条关于诽谤罪适用于网络空间的进一步适用。（刑法的第二百四十六条规定："以暴力或者其

---

[1] 王四新：《网络空间的表达自由》，社会科学文献出版社，2007，第301页。

[2] 马长山：《法律的空间"穿越"及其风险——从两高办理网络诽谤等刑事案件的司法解释出发》，《苏州大学学报》（法学版）2014年第4期。

[3] 李川：《网络环境下诽谤罪主观要素认定标准探究》，《暨南学报》（哲学社会科学版）2019年第2期。

他方法公然侮辱他人或者捏造事实诽谤他人,情节严重的,处三年以下有期徒刑、拘役、管制或者剥夺政治权利。")刑法所规定的诽谤行为与在网络空间发生的诽谤行为有一定的区别。以下主要结合《网络诽谤解释》做一些讨论。

(1)关于"主观故意"。刑法第二百四十六条规定的诽谤罪,主观方面只能是"故意"。与传统环境下捏造虚假事实并传播的单一、小范围诽谤的典型行为及其相对可控的名誉侵权后果表现不同,网络环境下由于信息传播的迅即性、易改性和广域性,诽谤行为领域出现了匿名散布不实信息、只发布上载不实信息但不传播或篡改部分信息传播等多元复杂的诽谤表现形式与复杂名誉权侵害的可能后果,侵害名誉权的表现形式与行为内容都发生了根本变化,导致主观构成要件要素认定更为复杂。[1]《网络诽谤解释》没有明确规定传播者是否"主观故意",传播者主观上故意还是无意,在诽谤罪的认定上十分关键,只有主观上的恶意并造成了客观上的实际损害结果,才能认定诽谤罪的成立。通常认为,我国刑法规定的诽谤罪的主观方面是直接故意,即主观上有诽谤的故意。而网络传播的特点是,信息扑面而来且迅速传播,大多数情况下,网络诽谤信息的传播并不为当事人明确知晓,也并不直接希望给他人名誉权带来损害,即大多数情况下网民对待诽谤信息是一种"放任"的心态。对这种间接故意的忽视有可能会放任网络诽谤的蔓延,这不是国家对网络诽谤行为规制之目的,但如果将这种转发者放任的心理也一并科以刑罚则有刑罚扩大化之嫌。因此,应借鉴他国的立法经验,在诽谤罪的认定上,结合网络传播的特点,规定行为人有主观上的诽谤故意,并有主观上的散布于众的故意,要注意鉴别正当权益[2]、

---

[1] 李川:《网络环境下诽谤罪主观要素认定标准探究》,《暨南学报》(哲学社会科学版)2019年第2期。

[2] 国外立法中规定为了维护正当权益的诽谤行为不入罪,我国刑法中没有此规定,只有对正当防卫的规定。诽谤罪属于语言类而非肢体接触类犯罪,正当权益与正当防卫还是区别甚大的,有必要在立法中确立正当权益条款。参见胡勇:《论诽谤罪的限制适用》,硕士学位论文,江西财经政法大学法学院,2013。

真实性误信[1]、适当评论与真实诽谤的区别,并赋予行为人以抗辩权。如此,才能既实现网络诽谤的刑法打击目的,又防止"寒蝉效应",保护行为人的合法权益。

(2)关于"情节严重"。现行刑法的第二百四十六条"情节严重"如何确定,"严重危害社会秩序和国家利益"如何界定,这些在立法上未明确规定的地方,就赋予了司法机关在实务中处理类似案件以自由裁量权。《网络诽谤解释》第二条将"情节严重"的情形规定为:"(一)同一诽谤信息实际被点击、浏览次数达到五千次以上,或者被转发次数达到五百次以上的;(二)造成被害人或者其近亲属精神失常、自残、自杀等严重后果的;(三)二年内曾因诽谤受过行政处罚,又诽谤他人的;(四)其他情节严重的情形。"另外,关于"严重危害社会秩序和国家利益"的认定,公安部于2009年4月3日发布的《关于严格依法办理侮辱诽谤案件的通知》规定了下列三项具体情形:"(一)因侮辱、诽谤行为导致群体性事件,严重影响社会秩序的;(二)因侮辱、诽谤外交使节、来访的外国国家元首、政府首脑等人员,造成恶劣国家影响的;(三)因侮辱、诽谤行为给国家利益造成严重危害的其他情形。"同时为了更明确网络诽谤的相关规定,《网络诽谤解释》第三条对"严重危害社会秩序和国家利益"做了更具体的规定:"(一)引发群体性事件的;(二)引发公共秩序混乱的;(三)引发民族、宗教冲突的;(四)诽谤多人,造成恶劣社会影响的;(五)损害国家形象,严重危害国家利益的;(六)造成恶劣国际影响的;(七)其他严重危害社会秩序和国家利益的情形。"

由上述规定可知,一些对量刑和定性起关键作用的概念如"公共利益""公共秩序"等仍有待进一步明晰,否则会扩大执法机关的自由裁量权,从而带来权利(权力)冲突,损害社会利益。而把"同一诽谤信息实际被点击、浏览次数达到五千次以上,或者被转发次数达到五百次以上"作为刑法第二百四十六条规定的"情节严重"的量化标准也并不够科学。这里存在同一条信息虽然转发不够规定的数量但是实际上已经造成了侵害结果

---

[1] 即行为人对事实的真实性产生了错误认识。诽谤罪要求具有主观上的故意,真实性误信缺乏主观上的故意,所以也可作为诽谤罪的除罪条件。

发生的情况,以及当恶意诽谤同时编造多条信息攻击同一个人,每条信息转发不足规定量的标准而实际上均已经造成侵害结果的发生的情形,因此"转发五百次""浏览五千次"标准实际上太机械,难以应付自媒体传播的及时迅速和千变万化,应当结合网站数、帖子数、点击数、下载数、转发数等具体数量标准来权衡认定。

(3) 关于"捏造""散布"行为的认定。《网络诽谤解释》对刑法第二百四十六条规定的诽谤行为方式进行了类型化规定,主要包括"捏造并在网络上散布""篡改并在网络上散布""明知是虚假信息而在网络上散布"三种情况。对于最后一种情况,主要针对网络上的转发行为,即没有"捏造"行为而只有"散布"行为。而对于诽谤罪是否必须"捏造""散布"同时发生才成立,还是只要明知是虚假信息而"散布"就能成立该罪,对此学界有不同认识。我们认为,网络信息传播的真假难辨,使大部分网民会基于自己的感性认识来判断信息的真伪,加上网络环境道德自律的缺乏,网民大都倾向于将自己所获得的信息转发出去,或者基于"分享"的欲望而进行转发,于是当某一具有诽谤性质的言论铺天盖地而来时,很容易造成对名誉权的侵害。网络中实际发生的诽谤行为正是基于这种信息的随意点击、浏览、转发而导致信息扩散,继而对他人名誉造成毁损。因此,将上述第三种行为认定为诽谤罪的客观行为方式也有合理之处。

(4) 诽谤行为的对象应该是特定自然人。诽谤的言行与名誉权存在紧张关系,冲突在所难免,判定言论是否存在诽谤,言论本身的真实性是判断依据之一。因为言论的表达因表达者的不同本身就存在不确定性因素,即存在被夸大、歪曲和误解的可能,而这种情况在网络空间中普遍存在,因此只要是源于对真实信息的客观描述,即可不作为诽谤认定。然而,在我国大量发生的诽谤国家机关以及政府公务人员的案例,引起了诽谤是否侵害特殊法益的问题之争。之所以说诽谤罪侵害公众人物名誉权存在特殊性,是因为公众人物的身份和工作具有公共性,是公众监督的对象。公众人物之政府官员的名誉权保护受到一定的限制,是当今世界各国通行的做法,如美国设置的"实际恶意规则"就是平衡言论自由与公职人员名誉权的一种做法。对于诽谤政府机关,我国并没有规定"诽谤政府罪",但实际上政府通常借由"诽谤"之事由利用其他罪名如寻衅滋事罪来处罚针对国家和政府机关的言论。如前所述，对政府机关的评论乃至批评是公民的正当权利，不应受到限制。

当下我国对网络谣言的规制多依据诽谤来定罪。由于网络的匿名性特点，满足了公众对社会生活的参与愿望，又由于网民监督固有的缺陷，导致网络上不良言论（介于违反道德和违犯法律之间的言论）的产生。如果有证据证实该不良言论是谣言，则依据治安管理处罚法第二十五条"散布谣言……故意扰乱公共秩序的……"实施处罚即可。而实际上，网络上相关部分谣言是针对公共事件，或涉及执法行为、官员形象等，存在触犯公权力的可能，因而往往被冠以诽谤罪实施处罚。

三、网络谣言型言论犯罪

清朝 1768 年的"叫魂案"本发端于一桩民间微不足道的小事，最后却蔓延至朝野，引起民间乃至朝廷的巨大恐慌并上升为政治事件，在中国历史上留下了重重的一笔。我们姑且不谈论该事件所反衬出的清王朝统治的僵化和荒谬，其所带来的人心恐慌和社会紊乱可见一斑。在几个世纪前谣言还只限于口口相传的简单传播，其威力就如此之大，而当下，信息传播技术突飞猛进，网络发展日新月异，自媒体的便利性、即时性、互动性、个人化等特征让谣言的传播更为简单，其对社会的威胁和危害可想而知。2017 年新年伊始，一则《难忍男友家贫困，上海女孩逃离江西农村》的谣言在网上掀起千层浪，最终酿成网络舆论事件。可见，网络时代，一则小小的文章便能迅速引起网络舆论巨浪。

网络谣言很难溯源，找到真正谣言的源头极为困难，尤其是有组织有目的的谣言。打击网络谣言有利于保护正当的言论自由，因为网络谣言有覆盖他人信息、转移他人注意力的功能；有利于保障国家安全，因为网络中带着意识形态倾向的谣言大都以歪曲国家、政府、官员形象为主要目的，会激起公众的仇官、仇腐情绪，极易酿成网络群体性事件；有利于维护社会秩序，包括经济秩序，如世界末日谣言、核辐射谣言等，不仅给民众造成恐慌，带来一定的社会混乱，也给经济秩序的正常运行带来一定的影响；一些针对个人的谣言，如"金庸逝世"等对个人的名誉权也造成极大的损害（针对个人的谣言主要以诽谤罪来对待）。网络谣言犯罪是一种新型的信息犯罪，涉及主体众多、侦查技术有限、网络电子证据的不确定性等因素，导致如今网络谣言型犯罪大行其道。2013年9月《最高人民法院关于审理编造、故意传播虚假恐怖信息刑事案件适用法律若干问题的解释》（以下简称《虚假恐怖信息解释》）和2015年《中华人民共和国刑法修正案（九）》的出台，体现了法律对网络空间谣言犯罪的重视和严厉态度。

（一）网络谣言及网络谣言犯罪

从广义上看，一切未经证实的言论都属于谣言，由此可推而论之，网络谣言是传播于网络中的没有事实依据且未经证实的言论。从类型上看，大多数谣言是基于一定的社会事实进行歪曲，也有一些子虚乌有的纯属编撰类的信息；从传播主体看，有些谣言是传播者带有一定目的的故意传播，而有些谣言则是不知情者善意的转述、转发；从损害结果看，有些谣言造成了严重的社会不良影响，有些只是一些犯意表示等。因此，对谣言进行辨析和分类，确定其行为触及的法律边界，鉴别言论自由与谣言型犯罪，是完善谣言型犯罪相关法律制度的基础。

（1）网络谣言与虚假信息。网络谣言并非一个严格意义上的法律概念，我国现行刑事法律中也并没有直接针对网络谣言的罪名，关于网络言论的规制法律也相对滞后。对于网络谣言的打击仍然是以"专项行动"（如"净网行动"）的名义进行整治，并以2013年"秦火火"案为标志，从法外的一种模糊规定而走向显性、走向前台。随后2013年9月5日的《网络诽谤解释》，将网络谣言按诽谤、寻衅滋事罪进行规制。2015年11月，《中华人民共和国刑法修正案（九）》增设了在网络空间传播、编造虚假信息罪，严密了网络谣言的规制法网。但刑法作为规制社会违法行为的最后一道防线，在适用过程中应保持适度的"收缩、抑制和内敛"，以免刑法的过度介入而削减了公民的正当权利。尤其是言论自由作为民主社会公民的一项政治权利，对言论规制领域更要保持审慎。因此，对网络谣言犯罪进行严格刑法界定，是保护公民权利和净化网络空间秩序两条并行不悖的路线。虽然网络谣言并非严格意义上的法律概念，但这并不意味着谣言就不是法律上的概念，如治安管理处罚法第二十五条和刑法第三百七十八条、

第四百三十三条等均有"谣言"或"造谣"之概念存在。而上述《网络诽谤解释》和《中华人民共和国刑法修正案（九）》，使用更多的则是"虚假信息"一词。虚假信息是指与事实不符的消息，谣言是指没有根据的消息。从这个角度上看，虚假信息的外延似乎比谣言要广泛得多，即谣言属于虚假信息的下位概念，虚假信息不一定属于谣言，但谣言一定属于虚假信息。[1]网络谣言是传播于网络中的没有事实依据且未经证实的言论，在这个意义上其同虚假信息具有同质性。鉴于立法上多用虚假信息来表述谣言，从词义来看，谣言也即虚假的未经证实的信息，因此，在刑法框架下，谣言与虚假信息可作同意义理解。

（2）网络谣言犯罪。我国是个具有言论管制传统的国家，上述"叫魂案"就是其例。网络谣言犯罪，顾名思义，是在网络空间中发生、传播、发展的犯罪形式，其具有区别于传统谣言犯罪的新的空间限制，即谣言发生在网络空间。当今社会信息技术的发展给人类社会带来了新的信息传递方式，网络也成为人们生活中须臾不可缺的要素。网络在给人们生活提供便利的同时，也给犯罪行为提供了新的土壤。网络谣言区别于传统谣言，主要表现在以下几点。一是区别于现实生活中口口相传的谣言。现实生活中口口相传的谣言并不发生于网络，或者虽然与网络有所联结但并没有在网络上大面积传播。二是区别于网络一般违法信息。网络谣言具有社会危害性，并造成一定的社会秩序混乱，当受刑罚处罚。基于此，笔者把网络谣言犯罪定义为，以网络为空间编造、传播虚假信息，侵害他人合法权益或者造成公共秩序紊乱，违犯刑事法律并应受刑事处罚的行为。

（3）如何认定网络谣言。对网络谣言的认定，要区别评论性信息和事实性信息。谣言的虚假性只限定在事实性信息，因为评论性信息主要是基于事实的主观评价，属于观点性言论，应该排除在谣言之外。在网络谣言类犯罪如虚假恐怖信息罪中，编造、故意传播虚假恐怖信息犯罪通常是针对公共机构、公共场所，进而造成公共秩序混乱。对网络谣言虚假信息的认定，要区分全部虚假信息和部分虚假信息。[2]一则谣言，有时是凭空捏

---

[1] 廖斌、何显兵：《论网络虚假信息的刑法规制》，《法律适用》2015年第3期。

[2] 邓炜辉：《网络表达自由的国家保障义务——兼评"法释〔2013〕21号"对网络言论的刑罚规制》，《甘肃政法学院学报》2015年第1期。

造的，但更多的时候是在真实事实信息基础上的"篡改"。因此，对虚假信息的认定，一是采取事实性认定，即大部分或关键性信息是虚假的，即使其中有些部分是真实的[1]；二是根据信息发布者或转发者的主观意图来认定，即故意以断章取义、破坏信息完整性的方式对信息的关键点进行实质性修改，造成传播与事实不相符合的效果[2]。二者都造成了事实上的法益损害，都可以认定为刑法上的虚假信息。这两种认定方式事实上也符合《中华人民共和国刑法修正案（九）》所规定的"捏造事实诽谤他人"。如"秦火火"案中当事人以"7·23 动车事故"为蓝本进行的政府处理事故的方式和事故灾害的严重性的谣言，以及以名人如雷锋、李双江等为对象捏造的虚假言论，这些事件、人物都真实存在，也广受公众关注，容易引起讨论、转发，使虚假言论迅速传播，进而带来网络空间乃至现实空间秩序的紊乱。

（二）网络谣言型犯罪的认定

谣言产生的原因是基于"事件本身的重要性"和"真相的模糊性"，即因事件本身重要而被广泛关注，加上信息不够公开，增强了真相的模糊性，导致谣言的产生。那么，谣言型犯罪如何认定呢？

（1）网络谣言的传播者：主观恶意。编造、故意传播虚假恐怖信息罪的行为，可能是编造并传播的行为，也可能是无编造行为但明知是虚假信息而故意传播的行为，两种情况皆为故意。首先是编造并传播的行为人的主观恶意。2013 年《虚假恐怖信息解释》第一条规定："编造恐怖信息，传播或者放任传播，严重扰乱社会秩序的，依照刑法第二百九十一条之一的规定，应认定为编造虚假恐怖信息罪。"编造虚假恐怖信息并向特定或不特定人散布，这显然带着编造者的主观故意，希望预期的结果发生。这里，编造的基本含义就是捏造，即把事实上不存在的事件或人物进行细节性表述并向特定或不特定人传播的行为。其次是传播者的主观恶意。行为人虽然并没有编造谣言，但明知是谣言而进行传播，具备将此虚假信息传播开去的这一行为目的。这里分为两种情况，一种是网络上很多受众带着"将

---

[1] 廖斌、何显兵：《论网络虚假信息的刑法规制》，《法律适用》2015 年第 3 期。
[2] 柴艳茹：《网络谣言对社会稳定的危害及其治理》，《人民论坛》2013 年第 7 期。

信将疑""宁可信其有，不可信其无"的心态或者带着提醒或警示他人的心态，对不明信息进行转发。这种传播实际上并不具备传播者主观上的恶意，笔者不建议将此种行为纳入刑法的制裁体系。另一种是受众在获取网络信息的过程中，在没有对信息进行求证的情况下以传播为目的任由虚假信息在网络上扩散，或者对未证实的信息或热点事件进行加工、处理后再传播。此种情况下的传播和转发明显带着行为人心理特征上的故意或者放任，因此属于刑法规制的范围。

（2）网络谣言的传播内容：编造、传播险情、疫情、灾情、警情。《中华人民共和国刑法修正案（九）》将网络谣言的内容限定为：险情、疫情、灾情、警情。这种限定一定程度上避免了刑法打击面过宽，也是对2013年《网络诽谤解释》出台后滥用寻衅滋事罪弊端的一个回应和调整。但是笔者认为，编造虚假恐怖信息罪与寻衅滋事罪并非替代与被替代的关系，二罪都是以扰乱公共秩序为由确立的罪名，属于想象竞合，应从一重罪处罚。同时，刑法第二百九十一条规定的编造、故意传播虚假恐怖信息罪以及2013年《虚假恐怖信息解释》第六条将"虚假恐怖信息"规定为"以发生爆炸威胁、生化威胁、放射威胁、劫持航空器威胁、重大灾情、重大疫情等严重威胁公共安全的事件的内容，可能引起社会恐慌或者公共安全危机的不真实信息"，与"编造、传播险情、疫情、灾情、警情"的虚假信息有一定重合。二者如何在实践中加以区分，应以案件发生的具体情形来判断，即"灾情、疫情"的传播是否引起公众的恐慌、不安或对社会秩序造成严重影响。笔者认为，这四种情形存在相互重合和包含的关系，如险情可能包括疫情、灾情、警情等。虽然这种重合关系使得法律不可能把此四种情形明显区分开，但其有一个共同特点，就是关涉公民的生命、人身健康和财产安全，对社会秩序造成严重破坏，能迅速引起社会动荡。

（3）网络谣言侵害的法益：扰乱社会秩序。《网络诽谤解释》第五条第一款规定了利用信息网络辱骂、恐吓他人的定性原则："利用信息网络辱骂、恐吓他人，情节恶劣，破坏社会秩序的，依照刑法第二百九十三条第一款第（二）项的规定，以寻衅滋事罪定罪处罚。"按照该罪进行定罪处罚，理由之一就是将网络空间认定为公共场所，但是关于"公共秩序严重混乱"如何适用在网络空间，却并没有量化标准。学界对此有三种理解：其一，网络秩序不能等同于物理空间的秩序，网络中的秩序混乱自然不能按照该罪定罪处罚，否则有刑罚扩大化趋势；其二，因为网络社会与现实社会紧密相连，网络中的秩序混乱传导到现实中来，酝酿发酵后最终会影响传统的物理空间，引起公共秩序混乱，自然可以以该罪定罪处罚；其三，虽然网络空间的公共秩序是现实社会中的公共秩序的一部分，但二者不能等同，即不能把在网络空间中引起公共秩序混乱直接认定为"造成公共秩序严重混乱"，只有在引发重大群体性事件，或引发民族宗教冲突等情况时才能动用最严厉的刑罚手段。笔者认为第三种观点比较合理。诚然，网络与现实社会紧密相连，网络中的个体都是现实社会中真实个体在网络中的呈现，但网络中的秩序毕竟不同于现实社会的秩序，只有网络中的秩序混乱继而引发现实社会的混乱才能认定该罪，否则有罪罚扩大化的倾向。由此可见，网络空间刑事规制对刑法带来了极大的挑战，这需要刑法及其司法解释的与时俱进。

需要说明的是，我国刑法第二百九十三条规定了寻衅滋事罪以及《网络诽谤解释》第五条规定了"编造虚假信息，或者明知是编造的虚假信息，在信息网络上散布，或者组织、指使人员在信息网络上散布，起哄闹事，造成公共秩序严重混乱的，依照刑法第二百九十三条第一款第（四）项的规定，以寻衅滋事罪定罪处罚"；同时，刑法第二百九十一条规定了编造、故意传播虚假恐怖信息罪以及《虚假恐怖信息解释》第二条规定编造"虚假恐怖信息""严重扰乱社会秩序"的，以编造、故意传播虚假恐怖信息罪定罪处罚。这些规定都涉及"公共秩序"，且刑法和《虚假恐怖信息解释》并没有特别说明该罪同样适用于网络空间。在这种情况下，针对网络中汹涌澎湃、具有巨大冲击力的严重扰乱公共秩序的网络谣言，法律似乎有点无所适从。笔者认为，以上罪名所规定的"公共秩序"和"社会秩序"基本可以等同，以示区别的唯"恐怖"二字，因此二罪名可看作是"专有罪名"与"一般罪名"的关系。因此与其让两个罪名并存引发适用法律上的困难，继而引起广泛质疑，不如将刑法第二百九十一条的"编造、故意传播虚假恐怖信息罪"进行扩展，将"虚假信息"囊括其中，这样既可解决司法适用时的困难，也能对网络犯罪做到精确打击。

（4）犯罪发生的场所：公共场所。总体上来说，《网络诽谤解释》是将网络谣言归于寻衅滋事罪定罪处罚的，如其第五条规定："利用信息网络辱骂、恐吓他人，情节恶劣，破坏社会秩序的，依照刑法第二百九十三条第一款第（二）项的规定，以寻衅滋事罪定罪处罚。"寻衅滋事罪来源于刑法第二百九十三条中关于"在公共场所起哄闹事，造成公共场所秩序严重混乱的"之规定。实践中，侮辱、诽谤、损害商业信誉商品声誉，编造并传播虚假证券期货交易虚假信息罪以及编造、故意传播虚假信息等，多以寻衅滋事罪处罚。该条是在传统刑法意义上对公共场所的认定，一般是指传统社会的物理空间，其与信息时代的网络空间具有一定的区别，这已是不争的事实。这里涉及两个关键概念，即公共场所和公共秩序，《网络诽谤解释》是直接将刑法中的公共场所和公共秩序概念应用于网络空间的，默认刑法对公共秩序的保护包含网络空间秩序。鉴于寻衅滋事罪本来就是一个兜底式罪名，如此一来，更是扩大了该罪的适用范围，对此很多学者提出了批评建议。那么，自媒体平台可否视为公共场所呢？笔者认为，刑法中的公共场所概念同样适用于网络空间，其论证逻辑是：首先，由于网络的开放性和面向的是不特定的人，其所具有的公共性不言而喻。其次，以往刑事司法解释中已有将网络空间视为刑法中的"场所"的先例。如《最高人民法院、最高人民检察院关于办理利用互联网、移动通讯终端、声讯台制作、复制、出版、贩卖、传播淫秽电子信息刑事案件具体应用法律若干问题的解释（二）》的相关规定："建立主要用于传播淫秽电子信息的群组，成员达三十人以上或者造成严重后果的，对建立者、管理者和主要传播者，依据刑法第三百六十四条第一款的规定，以传播淫秽物品罪定罪处罚。"这里的群组包括QQ群，即把QQ群视为公共场所。因为刑法规定的"传播淫秽物品罪"的构成要件之一就是要求在公共场所进行传播，因此把QQ群列为犯罪场域之一，表明司法机关认定其为"公共场所"。《最高人民法院、最高人民检察院关于办理寻衅滋事刑事案件适用法律若干问题的解释》第五条进一步对刑法第二百九十三条规定的公共场所进行了界定。"'秦火火'诽谤寻衅滋事案"就是被认定为"扰乱公共场所秩序"定罪处罚的，这已经不存在争议。随着网络技术的发展，微博作为自媒体，已经成为人们生活乃至工作的重要组成部分，因此对于微博等网络平台，如网络社交平台、网络问政平台、社会组织收集民意与调查社会现实的网络平台，都应该同等视为网络公共空间。

（三）网络谣言刑法治理的完善

网络谣言具有传播快、成本低、危害大、寻找证据难等特点。我国对网络谣言的规制也经历了从无到有的过程，自2013年以来相关解释陆续出台后对网络谣言的遏制已初见成效，但总结立法和实践中存在的一些问题，目前我国对网络谣言的规制还需要从以下几个方面进行完善。

（1）确立刑事规制兼顾言论保护的刑法规制思路

自媒体时代网络谣言的传播速度相比传统时代是呈几何级扩大的，其对社会的危害和影响程度也大大超过传统传播时代的谣言。为什么谣言屡禁不止，美国心理学家奥尔伯特曾总结了一个公式：谣言＝（事件的）重要性×（事件的）模糊性——因为它不确定，同时还具有"重要性"。受个体理性、情感、情绪等的限制和影响，人们更愿意接受和相信更倾向于自己的偏向、立场的言论。因此，谣言在一定程度上是社会心理的暗示，是谣言制造者或者传播者对社会事件的一种情绪表达。从这个角度上讲，谣言也可以成为社会发展和社会制度改进的一种方向指引，谣言在制造混乱的同时也具有一定的缓解和释放社会情绪的功能。刑法作为社会的"最后法"，一旦实施，直接影响公民的基本权利的实现。言论自由作为公民的一项基本权利，是公民表达愿望的重要方式。因此，在网络言论领域，应该遵守刑法的谦抑性原则，合理寻求"不受限制的自由"与"严厉管制"的中间通道，既合理保护言论自由，又对网络言论犯罪给予打击。

（2）明确不予刑事处罚的谣言类型

"罪行法定"不仅是各国刑法皆确立的一项基本原则，也是我国宪法的一项基本原则，意为法无明文规定不为罪，法无明文规定不处罚。如某些类型的言论，可能并没有任何价值，但不会侵犯他人权益，不会产生不良社会效果，则此类言论不应受到刑法的规制。

一是单纯的犯意表示，没有具体实施的网络谣言。刑法不应该处罚对谣言内容的无知者，而应该只针对明知或者应知是谣言还恶意传播的人。[1]

---

[1] 张明楷：《言论自由与刑事犯罪》，《清华法学》2016年第1期。

然而事实中，常常有这样的案例，如 2013 年女歌手吴虹飞因在其微博上发表系列"想炸某某地"的信息而被刑拘。"我想炸某处"事实上只是一种犯意表示，并未付诸行动，因此不应受到法律的制裁。因为我们无法准确认定该言论发布者的心理特征，即该言论内容是否会造成不良影响，还是仅仅是表达者不满情绪的发泄。如果该信息在网络上肆意传播，或者经传播者恶意添加并借此肆意炒作，由此造成社会秩序紊乱的，则应受到相应处罚。由此观之，谣言的背后，主观恶性更严重的并不是谣言信息的始作俑者，而是明知是虚假信息仍恶意传播、加工的传播者和加工者。

二是编造"险情、疫情、灾情、警情"之外的谣言。谣言是多方面的，我国刑法明确规定了四种入罪谣言类型，即"险情、疫情、灾情、警情"。这四类谣言确实关乎公民生活生命健康，刑法应该起到规范行为和保护法益的作用。除此之外的言论，要谨慎识别。一方面要谨防公权力机关以此为名压制言论，借机打击报复；另一方面法律也不能扩大打击范围，将不属于此类谣言的言论入罪处理，造成对公民私权利的侵害。

三是未造成严重后果的谣言。单纯编造虚假信息而并没有造成严重后果的，不应受到法律的制裁。如 2011 年至 2013 年期间，西安市某退休职工薛某因对某派出所的行政处罚不服，多次拨打 110 声称要炸掉公安局大楼，被当地警方抓获并判处"编造虚假恐怖信息罪"。本案中薛某单纯编造了虚假信息，但并未传播，更未造成社会秩序紊乱。从心理特征上说，薛某的行为属于一种"恐吓"行为，只是声称要炸掉公安局大楼。在随后公安人员的搜捕中，也并未在其家中或其他地方发现有炸药和易燃易爆物品，即使该行为使得公安机关采取措施进行排查，但并未实质上带来社会秩序的紊乱，因此并不构成"编造虚假恐怖信息罪"。

（3）网络谣言刑法规制体系以及罪名体系的完善

当前，虽然我国在对网络谣言的刑法规制上已经相当完善，出台了一些相关法律法规和司法解释，但从整体上看，仍然不够完整，且有重复立法、相互包容之趋势。尤其是在自媒体传播日新月异、网络发展一日千里的今天，我们已经不能再用旧有的理念来应对新型网络环境下的犯罪问题。网络的复杂性要求立法机关更进一步提高立法技术。首先是网络谣言专属罪名的设立。不能用传统的刑法罪名来套用网络空间犯罪，对网络谣言罪名的设置要具有专属性，以应对这个特殊的网络空间，以符合新型犯罪的网络特点。其次，罪名体系的设置要适应网络空间犯罪的多样性。网络空间现在不仅是成年人的世界，同时也有大量未成年人充斥其间。在主体上，罪名设置要针对不同责任年龄主体实施犯罪的实际情况做出特殊规定；在内容上，要注意区分内容的真实性以及主体的真实意思表示，对于网络上的一些戏谑之言应谨慎对待，对于一些表面上戏谑而实际上是假借戏谑之名而行诋毁他人名誉之实的行为，则要严查速处。最后，网络是个大染缸，充斥着各种素质参差不齐的网民，因此对于一些因为无知而为之的网络谣言，要根据其实际社会危害性来考量和量刑，这样既能把刑法的谦抑性充分体现出来，避免刑罚犯罪圈的扩大，也能适当节省司法成本。同时，对于那些社会危害性不大但属于违法行为的网络谣言，可以通过民法、行政法等进行规范。

言论自由是民主社会的基石，也是一个包容、开放、多元社会的必然要求。自媒体在给言论的表达提供了一个更广阔平台的同时，网络谣言对网络空间秩序的不良影响已是不争的事实。刑事法律对网络谣言犯罪的惩罚要遵循刑法本身所应具有的谦抑性原则，不能过分依赖或迷恋刑罚的威慑功能；我们既要还网络空间一个清朗的环境，也要尊重和保护公民的言论自由。如果网络谣言的刑事规制失却于"度"，则很容易形成负面效应，如此才是对言论自由的实质伤害。

第六章　自媒体言论表达的司法引导

传媒与司法的关系是众多社会矛盾中颇受公众关注并长期存在的一个客观现实。自媒体传播的便捷性、公开性、互动性、及时性等特征契合了公众对信息的欲求，人们尤其对关涉公民个人权利的司法活动信息更为关注，这使得传媒与司法的冲突与矛盾突破了传统传播环境下的二元格局而更趋复杂。[1] 根据人民网舆情监测室数据，2014 年全国舆情热点话题中关于司法案件的有 93 起，仅次于吏治反腐、社会安全，位于第三。这说明司法机关因为掌握着"社会公正"的裁判大权而成为公众关注的对象，进而遭遇围观的正常司法审判活动可能受到裹挟并偏离正常的司法活动方向。[2] 当人们还偶能感受被传统媒体和民意判处死刑的张金柱案（1997 年 8 月张金柱交通肇事，1998 年被判处死刑）的余波冲击的时候，从传统媒体发展到自媒体最终被传媒和民意判处死刑的孙伟铭案（2009 年）已经显现了自媒体参与司法的强大威力。推进司法公开，树立司法权威，建立司法与自媒体的良性互动机制，是缓和二者矛盾关系的关键之举。2013 年山东济南中院对薄熙来一案的微博直播成为"近年来我国庭审中使用新媒体的标志性事件"[3]，对司法与媒体良性互动关系的建立有着积极的推动作用。本书把自媒体言论的司法引导作为单章来论述，一方面正是出于当下自媒体言论影响司法的案例不断增多，逐渐改变着传媒与司法的关系；另一方面，自媒体传播技术的发展在推动言论自由的过程中，对构建良性的传媒与司

---

[1] 向长艳：《自媒体失范型司法参与及其引导策略——以传媒与司法的关系为视角》，《中共郑州市委党校学报》2019 年第 5 期。

[2] 向长艳：《论自媒体意见表达自由之边界及其限制》，《河南社会科学》2018 年第 9 期。

[3] 赵秉志：《薄熙来案件审理具有多种法治意义》，《法制日报》2013 年 9 月 2 日。

法的互动关系，进而规范自媒体言论和推动司法公正也有着不可忽视的重要意义。

第一节 自媒体时代传媒与司法的关系

网络已经成为人们学习、工作、生活的主要空间，自媒体成为人们获取信息的主要渠道。互联网的发展对法治工作的推动作用不可小觑。这表现在，互联网的发展不仅对传统领域的法律制度提出了新的挑战，而且还催生了一些新的法律部门，也引发了新的关于法治发展的思考，如网络空间的法律构建、网络违法行为的管辖等。在传媒与司法活动关系领域，与传统传播模式相比，自媒体时代传媒与司法的关系由于网络舆论的传播与发展的差异性而呈现出了新的特征。

一、传媒与司法关系的域外考察

国外研究大都把传媒与司法的关系归于"言论自由与司法独立"的范畴，从司法独立的角度来审视和考察其与言论自由的关系。意大利学者奥尔基奥·勒斯特将世界各国处理媒体与司法关系的规则划分为三种模式：美国的保护言论自由的模式、英国的保护司法的模式和大陆法系国家的保护个人的模式。具体而言，英美法系国家模式更倾向于突出新闻自由和新闻自由与公正审判之间的冲突，而大陆法系国家更倾向于对个人隐私的保护。但无论哪种模式，言论自由都受到一定的限制，并通过立法或司法规则来针对媒体报道失范行为设置了一定的惩罚措施。[1]

（一）英国的"缄口令"

在媒体与司法的关系上，英国采用"缄口令"来直接限制媒体。英国一贯注重司法制度的独立。在此传统下，对于新闻传播对司法审判活动可

---

[1] 高一飞：《网络时代的媒体与司法关系》，中国民主法治出版社，2016，第10页。

能造成影响的情况，英国惯于对媒体对司法活动的报道进行限制。在英国，对司法报道的限制除包括根本就不公开审理的某些案件以外，法院还可以发布命令要求媒体对某些案件的报道予以推迟。这些规定主要体现在1981年英国颁布的《藐视法庭法》中。[1]藐视法庭行为通常是指一切以阻碍、干扰或妨碍法庭或者其他审判机构审判某一特定案件的行为。[2]英国早在17世纪就设立了藐视法庭罪。英国《藐视法庭法》第四节第二款规定："关于正在进行的诉讼程序或任何其他处于未决或迫近状态下的诉讼程序，当似乎有必要采取措施以避免对相关司法程序造成损害的时候，法院可以命令，在其认为有必要的一段时间之内，推迟对相关诉讼程序或诉讼程序的某一部分所作的报道。"但"缄口令"也不是可以任意发布的，法院对报道的限制必须符合以下条件：（1）此类推迟必须以法院令的形式作出，仅靠司法请求是不够的；（2）损害的风险必须针对的是正在进行的诉讼程序或其他迫近的或未决的诉讼程序；（3）法院令着眼于推迟针对整个诉讼程序或其一部分所作的报道，这并非无限期地推迟，相关推迟期间必须是法院认为为了避免损害的实质性风险而必需的；（4）相关法院令的颁布必须是必要的。[3]

（二）美国的司法自我限制模式

美国通过程序更新或者后延，限制诉讼参与人如检察官、律师、当事人的言论，达到防止媒体审判的目的。为了避免直接攻击媒体这个能够形成公共舆论的"怪兽"，在法庭内担任"攻""防"的双方——检察官和律师，有时却成为舆论裁判的"帮凶"。因为这两方面通过自己的履职行为了解案情，所以对他们的言论需要进行适当的限制。[4]这实际上也是一种"缄口令"制度。这样可以避免再陷入是否侵犯广大媒体新闻自由的讨论之中，而仅限制人数极少的检察官和律师的言论，将侵害降到最低。

---

[1] 高一飞：《媒体与司法关系规则的三种模式》，《时代法学》2010年第1期。

[2] 李贤华：《规制藐视法庭行为 维护司法机关权威》，《人民法院报》2015年9月4日，第8版。

[3] 高一飞：《互联网时代的媒体与司法关系》，《中外法学》2016年第2期。

[4] 陈新民：《新闻自由与司法独立——一个比较法制上的观察与分析》，《台大法学论丛》2000年第3期。

美国著名的"埃斯蒂斯案"和"谢泼德案"都是因媒体报道影响公正审判后发回重审且成功改为无罪判决的案件。在"谢泼德案"中，美国大法官汤姆·克拉克列出了法院为了确保公正应该考虑的九种方法：(1)依辩方动议变更审判地；(2)无辩方动议而变更审判地；(3)陪审团召集令的变更；(4)诉讼延期；(5)分别审理（在被告人为多数的审判中）；(6)陪审团选任（通过回避程序免除那部分人中由于审前宣传而真正产生了偏见的所有人）；(7)警告或隔离陪审员；(8)免除陪审员资格；(9)如果上述所有措施都失败了，就进行一次新的审理。[1]

随后，这种由法院向媒体发布"缄口令"的方式逐渐有所改变。在没有事前限制媒体对司法报道和评论的情况下，美国转而通过法院自我约束和完备的程序规制来防止媒体影响司法。

（三）大陆法系国家的信息控制

以上两种模式大都立足于英美法系国家，这与他们的法律传统与法律文化背景有直接关系。而大陆法系国家是成文法国家，实行的是职权主义诉讼模式，在这种诉讼模式中，法官处于主导地位，控辩双方处于从属地位，判决并不局限于当事人的诉讼请求。这就要求法官群体是职业化、精英化的群体，其被公共舆论影响的程度相比英美法系国家要小，因此，在审判过程中法院对媒体的态度相对比较宽松。但是，在大陆法系国家，虽然没有对媒体进行司法报道有所限制，但对法院向媒体提供信息进行了限制。如德国巴登邦的《巴登邦新闻法》第四条规定，当咨询的提供会造成使现行未定的程序加快、困难、迟延或危害时，或抵触保密规定，侵犯重大公益或值得保护的私人利益时，或已达到过分的程度时，相关人员可以拒绝提供。[2]

同时，一些大陆法系国家对司法信息进行控制，制定了一些审前保密规则。但是在互联网时代，信息的保密变得越来越难，导致这一审前保密

---

[1] 唐纳德·M. 吉尔摩、杰罗姆·A. 巴龙、托德·F. 西蒙：《美国大众传播法：判例评析》，梁宁等译，清华大学出版社，2002，第355-358页。

[2] 高一飞：《互联网时代的媒体与司法关系》，《中外法学》2016年第2期。

规则变得不具有操作性，其规则的效力也越来越被削弱。在这种情况下，立法改革就势在必行。如 2000 年法国修改了《刑事诉讼法》第十一条的内容，新的规定对审前保密制度做了宽松规定：判决前的保密是为了维护审前信息的完整性和准确性，检察官可以根据法庭的要求、当事人的申请或者自己的想法公布相关信息。无可置疑，信息控制模式可能会对公众的知情权造成一定的限制。

二、自媒体对司法活动的影响

2013 年，最高人民法院院长周强在全国法院宣传工作会议上强调，"媒体的迅猛发展活跃了民主法制建设的舆论环境"，"新技术的变革导致媒体格局发生深刻变革，新媒体格局的变革使人民法院新闻宣传工作面临着前所未有的新环境"。可见，自媒体时代，新兴传播技术的发展对司法活动的影响越来越大，也越来越受到重视。自媒体的出现对司法活动的影响可以从积极和消极两个方面来看。

（一）自媒体对司法活动的积极影响

在积极影响方面，经过自媒体的积极参与，对一些案件信息进行积极报道，让一直高处殿堂的司法活动被公共所知晓。其积极意义具体表现在以下几个方面。

一是自媒体积极参与司法活动一定程度上拓展了公众对司法活动的知情权，一定程度上预防了冤假错案的发生。传统媒体时代，人们只能通过电视、报刊、广播等传播机构的信息传递来了解司法过程，信息的滞后性和浓厚的官方色彩使信息的真实度和实时性大打折扣，公众的参与兴趣也不是很高。自媒体的出现，使人人参与其中，信息每日更新，既满足了公众对司法信息的知情权，也一定程度上满足了公众对司法信息的求知欲——对案件进程、审判程序以及当事人的具体细节信息的探求。[1]

---

[1] 向长艳：《自媒体失范型司法参与及其引导策略——以传媒与司法的关系为视角》，《中共郑州市委党校学报》2019 年第 5 期。

二是对司法系统来说，自媒体传播的特征以及网络时代的信息无可藏匿等特点有利于推动公正审判，促进社会正义的实现。自媒体对司法活动的影响表现在通过对前期审判过程的关注，促进案件审理的公开公正，实现看得见的正义，对冤假错案的跟踪报道也可推动问题案件的重审，实现迟到的正义。如二审维持原判的"张扣扣案"[1]引起了舆论的强大反响，虽然私力复仇不被推崇，也不应被推崇，但该案件也促使人们反思，如果不是先期案件的审理有失公允，如果不是张扣扣心理上存在幼年看到其母被杀的阴影，可能就不会发生此案中的"复仇杀人"，这对构建一个"理性和克制"的社会有警醒作用，提醒人们问题必须在法律范围内解决。如福建高级人民法院依法审理的"念斌投放危险物质罪案"[2]，以"事实不清、证据不足"宣告念斌无罪。如果说"念斌案"最终得到重审并得到纠正，得益于当事人、律师、专家、关键证据、自媒体等的合力推动，那么内蒙古自治区高级人民法院依法再审的"呼格吉勒图故意杀人、流氓罪"一案，则是在微博、微信等的长期围观、评论，形成的巨大网络舆论压力下，才促使此案再审并最终宣告无罪。当然，这个结果的出现，也受到党的十八大以来依法治国大环境的影响，但自媒体的推动作用仍然不可小觑。

三是自媒体提高了公众对法律的理性认知，增加了公众对法律程序的了解，为社会法律意识的培育贡献了力量。自媒体传播的便利，让司法活动的关注度得以提高。目前中国正处在社会转型期，社会发展中的各种矛盾不断凸显。这种矛盾呈现于网络空间，受民意本身所具有的盲从性和流动性等特点的影响，被瞬间放大，加上部分民意中的仇官仇富心理、对

---

[1] 2018年除夕（2018年2月15日），张扣扣（35岁）杀害王正军、王校军兄弟和王父王自新三人，同年2月17日，张扣扣到公安机关自首。该案缘起于22年前，即1996年8月27日，因邻里纠纷，张扣扣的母亲汪秀萍被当时17岁的王正军伤害致死，1996年12月5日，王正军被判处有期徒刑7年。2019年2月8日张扣扣案在汉中中院一审开庭审理，张扣扣被判处死刑；2019年4月11日，该案在陕西高院二审开庭审理，维持原判。

[2] 2006年7月27日夜晚，福建省平潭县澳前村17号两户居民家中多人出现中毒症状，其中两人经抢救无效死亡。经警方侦查，认为其邻居念斌具有重大投毒嫌疑，随后念斌被逮捕。后该案经历8年10次开庭审理，念斌4次被判死刑立即执行。2010年10月最高法院以"事实不清、证据不足"发出不核准死刑裁定书，并撤销原判发回福建省高院重审。2014年8月22日，福建省高院做出念斌无罪的终审判决。

司法不信任的心理等，相关案件容易引起网络围观。广东省高级人民法院2013年出版的《司法公正与网络舆情：广东法院网络舆情白皮书》中，总结了近15年来广东法院审理的关于网络舆情的经典案例中民众关注的类型：一是诉讼双方地位明显不对等的案件，二是关系官员身份职责、品德能力的案件，三是道德与法律冲突的案件，四是公益类、群体类案件，五是关系政治经济改革、社会管理创新等方面的案件。[1] 可见，公众关注的案件涉及方方面面。公众在关注案件的过程中，参与了司法活动，提高了对法律的认知度。同时，自媒体提供了新的了解司法活动的方式，提高了公众的参与热情；公众参与司法活动的热情，又催生了网络上的热点案件；热点案件又进一步促进了公众的参与热情。三者之间呈现相互促进的关系。

（二）自媒体对司法活动的消极影响

在消极意义方面，由于自媒体言论的非理性特点，其过度参与司法活动可能会影响或左右司法活动的公正；同时，自媒体信息的"把关人"角色缺失，导致信息发布无从把关，有些信息是对案件当事人隐私权的侵犯；一些拥有大量粉丝的案件参与人如律师、法学学者等网络"大V"通过网络个人账号对案件所做的评议、宣传等，其巨大的影响力会引导民意、左右舆论，也不乏案件参与人抱着使案件的判决朝向自己有利一方的一己私利之目的，致使法官在审判过程中受到巨大影响。

一是自媒体的非理性参与。自媒体信息"把关人"作用降低，信息的客观真实性不足及非理性言论的增多，对司法活动形成不当影响。这首先源自自媒体言论主体素质层参差不齐，信息的真实度不高。活跃于网络的用户，从年龄来看，大都是青少年。这一群体对社会主流价值观认可度不高，辨别是非的能力较弱，其非理性言辞较多。虽然随着网络技术的普及，这种情况在逐渐改善，互联网用户的年龄在逐渐向中高龄渗透，第45次《中国互联网络发展状况统计报告》显示，截至2020年3月，40—49岁网民群体占比为17.6%，50岁及以上网民群体占比为16.9%，这个比例相较于

---

[1] 广东省高级人民法院编《司法公正与网络舆情：广东法院网络舆情白皮书》，法律出版社，2013，第32页。

全国 14 亿多的人口基数来说，仍然不是很高。并且，从学历和收入方面看，低学历和低收入的群体仍然占比较高。这类表达主体受其社会经历、人生际遇以及学识等因素的局限，往往对网络事件的感知、评价等都带着非理性成分。这部分言论如果参与司法活动，会对司法审判带来不良影响。其次是"网络水军"大量存在，误导或故意引导网民民意。"网络水军"是被雇在网络中针对特定内容发布特定信息的网络写手（"网络水军"既可以是被平台如新浪微博开放平台控制的程序机器人，也可以是利益主体雇用的雇员或临时招募的人员等真实的用户）。他们受雇于某些利益主体，伪装成网民或其他主体，活跃在网站、论坛、微博等社交网站平台中，通过发布、回复和传播信息等方式来对正常的舆论产生影响，以实现一定的目的。"网络水军"针对某些具体案件进行有目的的网络宣传，不仅污染网络环境，混淆网络视听，还裹挟网络无目的的网民意见，形成网络舆论，影响案件审判。这种影响虽然不能最终影响案件的审判结果，但会影响案件的审判进程，对司法资源也是一种浪费。

二是法律职业群体的不当参与。这里的法律群体，既包括参与司法活动的人员如法官、书记员、律师等与案件直接相关的人员，也包括知晓司法活动程序、熟知法律专业的法律研习者和其他法律工作者等。在网络普及之下，这个群体都有自己的自媒体发声账号，都可能对正在发生的或者即将发生的案件进行评判。因其拥有相关专业背景，他们的言论在网络中具有一定的权威性，更容易受到民众的信任和追捧。在中国，一些知名律师都有自己的公众号、微博等，他们经常会对一些案件发表一些看法，他们的粉丝上千万，其影响力可想而知。当然，这里并不是说这些法律群体中的"大V"必定有言论不当之处，但是因为涉案律师的自媒体言论而招来名誉侵权的案件也并非不存在，如前述"药庆卫诉张显名誉侵权案"。总之，法律群体的参与对司法活动的影响显而易见。

从媒体与司法关系的视角分析自媒体对司法活动的影响，既要正视自媒体所关注的个案背后所折射的社会矛盾和冲突，达到推动社会进步的作用，如"呼格吉勒图故意杀人、流氓罪案"推动了司法纠错机制的发展，也要警醒自媒体干预司法权力的正常行使、阻碍司法活动正常推进的负面影响。侯登华、杨博在对 2011—2015 年发生的 50 个影响性案例的分析中发现，自媒体对司法活动产生负面影响的案例占比32%。[1]因此，分析总结失范型自媒体司法参与类型，对自媒体参与司法进行正确的引导和规范、共同推进法治建设具有重要意义。

三、自媒体失范型司法活动参与

在西方的分权理论中，传媒是作为与立法权、行政权、司法权相并列的第四种权力。这种理论认为，媒体作为一种重要的社会力量，能够对政治权力起到制衡作用。在西方社会，这种制衡作用得到了实践证明。但是，司法机关作为一种主要的公共权力的运行机关，是社会正义实现的最后一道防线，自媒体的诸多非理性特点对司法活动造成的过多干预必然会影响社会正义的实现。自媒体非理性信息在网络中冲撞、激荡，形成一个个舆论漩涡，"这种舆论漩涡进而把更多的议论者卷入其中，制造出某种绝对权力。在这个意义上，舆论即法律"[2]。这种舆论权力会对审判活动进行绑架，造成舆论审判。总结分析，造成舆论审判的自媒体言论类型有以下几种。

（一）过度化参与

美国著名政治学家亨廷顿曾指出，发展中国家公民的政治参与与需求会随着社会利益分化的扩大而呈现出不断增长的趋势，而一旦其政治体系无法为个人或者团体的政治参与需求提供畅通的渠道，那么个人或者社群的政治行为就极有可能对社会秩序形成冲击，进而危及社会的稳定。由此，他得出结论，政局稳定取决于政治参与同制度化水准的比率（政治参与除以政治制度化等于政治不稳定）。[3]司法参与是政治参与的重要组成部分，因而也可以说，司法体系运转的稳定取决于司法参与同司法体制健全度的比率。因为在自媒体舆论场中，过度的司法参与将导致公共领域的消解，进而危及司法体系的良性运转。纵观我国自媒体舆论场域，过度化参与现

---

[1] 侯登华、杨博：《论自媒体对司法权力运作的影响及司法应对》，《法律适用》2016年第10期。

[2] 季卫东：《"舆论审判"的陷阱》，《浙江人大》2011年第12期。

[3] 亨廷顿：《变革社会中的政治秩序》，李盛平、杨玉生等译，华夏出版社，1988，第56页。

象普遍存在。比如超越司法公开的极限,侵犯个人隐私权的"赵红霞案"[1],该案发生后,微博、微信等自媒体平台广泛传播赵红霞的照片、家庭住址甚至其家属的个人信息等,一时间,司法的严肃性被猎奇欲和低俗的人格侮辱性的娱乐心态一扫而光。另一种过度参与的表现是超越司法的属性,表现出泛道德性、泛政治化、泛意识形态化特征。司法问题其实就是事实与案件的适用问题,而很多案件的原始材料都在卷宗里,普通公众根本无法接触,自媒体通常习惯于定性,把网络流传的未经证实的与案件相关的信息与案件相连,利用自己的道德标准预设一个结果,比如反腐过程中对贪官污吏的惩处,有的人想当然地认为这是权力斗争的结果,超越了所谓"情理法"的界限,对司法活动形成错误的指引。

(二)无序化参与

"乌合之众"的概念来自法国学者古斯塔夫·勒庞。他认为,乌合之众是指在某些既定条件下集合在一起而丧失了自觉的个性,从而受群体思想支配的人群。他认为,个体在群体中会丧失理性,情感容易受到他人的暗示和传染,变得极端、狂热,甚至肆无忌惮,失去方向感,表现出一种无意识状态。因此,乌合之众是指由无数匿名者构成的、丧失了作为个体的人的本质的庞大群体。乌合之众不仅在现实空间存在,网络空间的匿名性、随意性、传递性更为乌合之众的产生提供了丰厚的土壤。对于这样一个非理性、易激动、少判断、好左右的群体,走向无序和极端是极其容易的事。网络上这个庞大的群体对司法活动形成了不小的冲击,他们超越司法程序,往往在宣判之前就对案件作出判断,对涉案人员做出定罪、量刑、定性以及胜诉或者败诉的结论。"在所有必须维护法律和秩序的地方,法院是最需要法律和秩序的。司法过程必须不受干扰或干涉,冲击司法正常进行就是冲击我们社会的基础。"[2]自媒体的这种"僭越"将对司法案件形成强大的"话语霸权",以至于形成一种完全不同于司法审判的自媒体审判。

---

[1] 赵红霞是"重庆不雅视频案"中的女主角,自2007年始,赵红霞充当拍摄官员性爱视频的诱饵。2012年,因不雅视频曝光而被批准逮捕,于2013年被判处有期徒刑2年缓刑2年。
[2] 丹宁勋爵:《法律的正当程序》,刘庸安等译,法律出版社,1999,第7页。

自媒体无序化参与主要表现在两个方面：一是刻板印象下的简单从容，二是道德遮蔽之下的人性放纵。

（三）情绪化参与

网络赋予了公众话语权。话语权的拥有，加上网络言论边界无法界定，使公众可以通过网络以各种形式发泄自己的不满情绪，其中不乏激愤、偏激的言论，甚至谩骂、人身攻击的言论。一种情形是主动为之，当某一案件触动了网民的某根神经，或该案件与其自身经历类似，或因其对这类案件极为关切，引发了他们现实中的不满、愤懑等不良情绪，进而借由该案肆意宣泄于网络；另一种情形是无意识的网民被不良情绪裹挟，不辨方向而为不良情绪推波助澜；还有一种是故意利用网络的情绪化参与扰乱网络秩序，造成网络冲突，从而达到自我目的的行为。谢茨施耐德的冲突理论认为，对于冲突的直接参与者而言，处于优势地位的一方通常总是期望将冲突保持在公共权威的规约之外，这也被叫作"冲突的私域化"，而那些处于弱势地位的一方则期望诉诸公共权威，并尽可能促使冲突扩大化、公开化，这也被称为"冲突的社会化"。[1]因为同情弱者是人们的天性，因而公众通常不假思索一边倒地支持具有"弱势群体"身份的一方，并直接以"对弱势一方是否有利"作为评判公正性的重要标准，因此，获取"弱势群体"的支持甚至成为双方重要的诉讼策略。在这种情绪化参与过程中，网民大都有明显的自我道德判断标准和个人偏好，这会对司法审判带来不小影响。[2]

---

[1] 谢茨施耐德：《半主权的人民：一个现实主义者眼中的美国民主》，任军锋译，天津人民出版社，2000，第1~17页。

[2] 向长艳：《自媒体失范型司法参与及其引导策略——以传媒与司法的关系为视角》，《中共郑州市委党校学报》2019年第5期。

第二节　司法活动对自媒体言论的引导与回应

一、司法机关应对自媒体的基本策略

（一）转变理念，加强司法公开

转变态度。自媒体时代，传媒与司法的关系已经打破了传统传播时代的传媒与司法的二元维度框架，话语权不再被传统媒体垄断，社会已经进入"人人都是麦克风"的新的信息传播时代。面对新的舆论环境，司法系统应转变理念，树立正确的舆论观，改变传统消极应对媒体的方式方法，了解民情，主动沟通，积极解答民众疑惑或关心的问题，让网络成为法治宣传的工具和渠道。面对消极的消息，不能抱着"一删了之""消极回避"的心态，负面信息的出现说明民众对司法的信任度已经降低，因此更要进行宣传、疏通和引导，在与民意碰撞过程中让公正的司法过程呈现出来，为良性的司法与媒体的关系打下基础。

对自媒体言论尽量包容。"观念的市场"理论认为，在类似于经济学领域的市场里，真理和谎言相互竞争，真理终会战胜谎言。该理论虽然有一定的缺陷，但也不乏明智之处。中国有一句古言："理越辩越明。"在公共讨论过程中，人们公开自己的看法、观点、意见，有利于事实的真实呈现。言论本身没有错，追寻事实的言论应得到宽容对待。

加强司法公开。"打铁还需自身硬"。面对强大的自媒体舆论场域，只转变思想观念还不能解决所有问题，法院自身的办案水平和司法的公正公开才是关键。要做到能公开审理的案件，真正做到案件的实体和程序的公开，公开在阳光下，才能做到公正。要做到能公开的司法文书全公开，借助网络传播的便捷，传递司法的声音，真正做到公开透明。网络信息时代，司法公开的方式与传统意义上的司法公开有所不同，主要是指向社会公众公开。具体方式有人民法院的官方网站、司法公开的三大网络信息平台、

政务微博和微信等自媒体等。

（二）积极应对，提升自身能力

网络并非洪水猛兽。任何事物的发展也都有规律可循。司法系统应加强新理念、新技术的学习和运用，着重提升自身的能力建设，积极应对自媒体。

建立专业化的信息化队伍。网络经历了多年的发展，法院也在长时间的网络负面信息的冲击下逐渐建立起信息专人制度，也开通了一些自媒体账号。但是，很多法院由于对传播技术、宣传策略等掌握不够好，与民众的沟通效果不是很好。尤其是法院系统网络信息化人才缺乏，面对24小时都在不间断发酵的网络舆论事件，往往没有第一时间回应，造成更多的猜疑和指责。因此，法院必须建立自己的专业信息化队伍，既要掌握网络传播技术，又要精通法律专业知识，并且对网络舆论有一定的研判能力，如此才能应对千变万化的自媒体世界。

构建专业化的司法报道新规则。司法向媒体公开，借助媒体的报道实现司法的警示功能；媒体对司法的报道，实现媒体的舆论监督功能。二者本应是相辅相成、相互促进的关系，以共同推进社会公平正义的实现。但是，传统传播时代，司法的公开不够，到了新媒体时代，又有自媒体的过度参与，如道德绑架性的报道、显失公平的报道等，总之二者之间没有建立起良性的互动关系。这不仅有损司法的公正，也有损媒体的社会公信力。在当下，司法系统应积极建立一套司法报道的新规则，让媒体报道有章可循，推动媒体与司法良性关系的建立。

（三）畅通渠道，加强沟通

民意的集聚和爆发通常是没有及时得到舒缓造成的。因此，建立一个公众信息平台，畅通沟通渠道，及时消解舆论漩涡，是加强司法系统与媒体沟通的必然选择。面对当下网络舆论的压力和司法与媒体的紧张关系，司法系统大都开通了自己的自媒体账号，如最高人民法院的官方微博发文量目前已突破1000万。但法院开通自媒体账号并不意味着法院与公众之间就建立了沟通的桥梁。据调查，很多法院在开通微博后，存在以下问题：

微博开通滞后，无人管理，经常是一个月或几个月才发一次信息；法院微博的内容单调，或只发布日常信息，无法吸引网民；法院只负责发布信息，很少互动，对微博上的提问或疑问没有及时给予回应。因此，应加强对法院自媒体信息平台的管理和维护。

建立自媒体信息发布机制。规定规范的自媒体管理办法，明确自媒体信息发布、舆情监测人员职责，明确职责分工；建立信息定期发布制度，规定信息发布的时间，按时发布；加强内容管理，坚持正确的导向，防止法院信息受网络非主流语言的影响；建立信息回复机制，自媒体本身有点赞、评论、回复、转发等功能，应充分利用这些功能，及时回复公众的疑惑，避免公众猜疑。

创新自媒体运营平台，实现信息内容多样化。法院官方信息平台可实现司法公开、普法宣传、回应质疑、接受举报、舆情引导等功能。因此，法院自媒体平台应该充分利用自媒体传播技术，创新运用自媒体平台，实现信息平台的多样化功能。比如，在信息化平台上可以发布新规、公布案例，也可以发布法院新闻动态、评论社会热点等。2014年9月1日，最高人民法院微博、微信开设"失信被执行人曝光台"，每天最高人民法院微信、微博曝光一名失信被执行自然人和一名失信被执行法人，让失信者无处躲藏。[1]

二、失范型自媒体司法参与的引导与规制

（一）审前阶段：司法相对公开和自媒体谨慎参与

自媒体对司法活动的参与受自媒体传播自身特点的影响，多追求对个案的关注，表现出情绪化、碎片化等特征，即便是专业人士如律师等的言论有时也呈现出非客观性，如果聚焦于个案，再渲染于网络，则其非理性特征更明显。比如，律师会从当事人利益的角度发布与案情有关的言论，司法机关则本着司法公正的原则发布相关信息，而记者则基于新闻传播的

---

[1]《本报评出2014年度人民法院十大关键词》，《人民法院报》2015年1月5日，第1版。

规律发布与案情相关的信息，不同视角的不同信息可能叠加也可能矛盾，而网民则用自己的感性经验来进行判断，对信息加以选择性地接受或转播。当这种带着不同评判标准的言论叠加、焦聚于个案，很容易形成自下而上的舆论氛围，当这种舆论牵动行政方面或其他干预力量之时，则很容易形成舆论审判。因此，在审前阶段，司法系统与自媒体都应当保持谨慎的态度，司法系统相对公开相关信息，防止自媒体过度参与。

审前阶段是案件的调查阶段，对于司法系统来说，因为案件事实还未完全还原，公布信息可能会对下一步的调查带来阻碍，也可能因为所获信息不十分确信或者害怕随着调查的进展新信息推翻旧信息等原因，一般不愿过多公开相关信息。而自媒体通常更焦聚于对案件本身真相的披露，或者由于案件真相不够明朗而持怀疑态度，其言论往往逐渐偏离理性轨道，造成舆论影响，如果舆论态势形成则可能会引起公众的更进一步关注或领导层的关注，继而影响审判结果。因此，在审前阶段，对司法系统来说，官方应当尽量公布调查信息，对所涉犯罪罪名、嫌疑人等相关信息除法律规定不得公开的外，尽量公布；对案件调查的进展情况应及时更新，防止公众的猜忌和歪曲。对自媒体来说，因为案件处于调查阶段，很多信息不明朗，下结论还为时过早，因此自媒体对官方的调查内容不宜主动传播，对官方的调查结论应谨慎传播，防止"道德审判""网络审判"给法官带来心理压力而不利于真正司法公正的实现。在这一阶段，可以建立事后责任追究机制，对与案件有关的不实言论的传播造成恶劣影响的应追究相关责任。

在审前阶段，司法应该尽量避免受媒体的影响。应通过确立自我约束的规则来实现这一要求。首先，确立媒体接近司法的规则。从国际规则来看，在涉及国家秘密、个人隐私和未成年人案件的情况下是可以不公开审理的。但是这种限制应该降到最低的限度，因此，在允许利害关系人和记者有有限旁听权外，其他人应通过抽签、排序等方式获得旁听的资格，同时，法官要对"媒体审判"、被告人和被害人利益、人民权利和社会秩序进行综合权衡，以最终决定是否可以允许媒体对庭审进行直播或转播。[1]

---

[1] 高一飞：《网络时代的媒体与司法关系》，中国民主法制出版社，2016，第65页。

其次，确立法官职业言论的限制范围。法官与普通公众一样享有言论自由权，但因其职业的特殊性，对其言论自由权应设置一定的限制。法官作为国家公务人员群体，其言论范围与普通公众相比本就有一定的限制，而基于法官的职业特殊性，其所受限制应比普通公务人员更多。《中华人民共和国法官法》在法官的权利义务条款中有关于"保守国家秘密和审判工作秘密"的规定，修订后的《中华人民共和国法官职业道德基本准则》用三个条款规定了法官的言论范围：

第七条　维护国家利益，遵守政治纪律，保守国家秘密和审判工作秘密，不从事或参与有损国家利益和司法权威的活动，不发表有损国家利益和司法权威的言论。

第十二条　认真贯彻司法公开原则，尊重人民群众的知情权，自觉接受法律监督和社会监督，同时避免司法审判受到外界的不当影响。

第十四条　尊重其他法官对审判职权的依法行使，除履行工作职责或者通过正当程序外，不过问、不干预、不评论其他法官正在审理的案件。

再次，合理界定公开信息的范围。一般来说，非限于"国家秘密"和"审判秘密"，法院不应对外"拒绝提供资讯"。可见，司法公开和"拒绝提供资讯"存在一种矛盾：一方面，现代司法要求司法信息公开、审判公开，这是人民知情权和公正审判的要求；另一方面，又要适当实现司法信息的释放，防止媒体审判。[1] 所以，司法信息公开的范围是随着法治文明的发展而不断变化的。《最高人民法院、国家保密局关于人民法院工作中国家秘密及其密级具体范围的规定》中，将国家秘密界定为"人民法院工作中关系国家的安全和利益，依照法定程序确定，并在一定时间内只限一定范围的人知悉的事项"。具体包括，法院就重大事件的内部重要指示、决定、部署、方案和案件处理中重大、重要问题的请示、报告、批复。关于审判秘密，该规定指出，"对于人民法院在审判工作中形成的，虽不属于国家秘密，但

---

[1] 高一飞：《网络时代的媒体与司法关系》，中国民主法制出版社，2016，第65页。

一旦公开又会造成不良影响和后果的事项，应按照审判工作秘密保护，不准擅自公开和扩散"。至于何为不宜公开的审判工作事项范围，《最高人民法院关于保守审判工作秘密的规定》做了详细规定，包括合议庭、审判委员会对具体案件的讨论情况，上下级法院之间对案件处理的各种不同意见，涉案材料的保管等相关内容。这些，都是在审判之前每一位法官必须自觉遵守的保密义务。

最后，加强自媒体的自律。通过媒体职业道德准则来限制自媒体的言论。国际法学协会认为，各国媒体内部的职业道德准则一般包括：（1）公平地进行批评性报道，有责任纠正错误，不能发布误导性图片；（2）对批评性的报道和评论提供回答的机会；（3）对事实现场进行客观而真实地报道；（4）尊重隐私；（5）应当区分事实与评论；（6）不能因种族、国籍、宗教、性别而产生歧视和挑起仇恨；（7）不能以不诚实的方式获取信息；（8）不能对人造成危险；（9）应当具有通常的庄重姿态和鉴赏标准；（10）不能泄露秘密的消息来源；（11）不能对被告人进行有罪预判，对于已经解除起诉或者被判无罪的人不能发表其以前的控告与有罪判决的资料。[1]1991年通过的《中国新闻工作者职业道德准则》经过了多次修订，加上中宣部、新闻出版署1993年发布的《关于加强新闻队伍职业道德建设，禁止"有偿新闻"的通知》，以及1997年中共中央宣传部等部门联合发布的《关于禁止有偿新闻的若干规定》等规定，基本形成了中国媒体的职业道德准则。有学者认为，面对自媒体的发展，以上规则不尽完善，并提出了新的媒体自律性规范，如徐迅提出的"十条规则"、高一飞提出的"五条规则"。"十条规则"包括：（一）媒体不是法官。案件判决前，媒体不应作定罪定性的报道；（二）不应当指责诉讼参与人及当事人正当行使诉讼权利的行为；（三）对案件报道中涉及的未成年人、妇女、老人和残疾人等的权益予以特别的关切；（四）对不公开审理的涉及国家秘密、商业秘密、个人隐私案件的案情不详细报道；（五）不针对法庭审判活动进行暗访；（六）平衡报道,不做诉讼一方代言人；（七）

---

[1] 徐迅：《四法焦点引人注目 十条规则首次亮相》，http://www.jcrb.com/n1/jcrb299/ca176331.htm，访问时间：2019年10月10日。

评论一般在判决后进行；（八）判决前发表质疑性、批评性评论应当谨慎限于违反诉讼活动的行为；（九）批评性评论应当抱有善意，避免针对法官个人的品行和学识；（十）不在自己的媒体上发表自己涉诉的消息和评论。"五条规则"包括：第一，不能对被告人进行有罪预判，对于已经解除起诉或者被判无罪的人，不能发表其以前的控告与有罪判决的资料；第二，不能对正在审理的案件进行严重失实或恶意倾向的报道，损害司法权威，影响公正审判；第三，不能接受一方当事人请托，歪曲事实，恶意炒作，干扰人民法院审判、执行活动，造成严重不良影响；第四，不能有严重损害司法权威、影响司法工作的行为；第五，还可以通过司法机关与媒体之间签订"特别公约"的方式来确定自律条款。如果说新闻领域的行业自律规则对自媒体进行司法活动的报道是有形的约束的话，那么学界学者们的建议，则是对自媒体言论的无形引导。

另外一个需要完善的规制是律师与媒体的关系规则。目前我国关于律师言论的立法并不完善，应通过律师法、刑事诉讼法等形式对辩护律师的言论进行规制，从职业道德规范等角度来规制律师的庭外言论。同时，建立辩护律师庭上言论豁免及其限制规则，使律师的庭上言论既能充分为当事人服务，又能保持在规则允许的范围内。

以上是在审前阶段应该完善的规制。司法权力与言论自由以及公众的知情权是很难做到完全平衡的。对于司法机关来说，自媒体的影响是前所未有的，也是客观存在的必须面对的挑战，因此只有转变理念，在前期规则设置上尽量完善，做到主动引导，才能促使自媒体言论趋于理性，最终实现司法与民意的良性互动。

（二）审中阶段：司法直接公开与自媒体依法参与

审中阶段是司法公开的直接阶段，也是司法信息主动公开的阶段。在传统公众参与司法制度中，如人民陪审员制度虽然是一种直接参与，但那是一种自上而下的制度安排，并不能发挥其监督功能。自媒体对司法的参与改变了这种单向性的参与机制，表现出自组织化特点。自媒体其实是一种社交传播，具有人身依附性特点，网络上的"大V"便是基于这种依附性而产生的，每个"大V"都拥有众多的粉丝，每个粉丝都有其社交圈，这种人身依附性会无限传递，使网络逐渐呈现出集体行动的自组织化特征。如在庭审直播过程中，无论律师、法官还是记者，只要参与庭审，他就是一个电台，相比传统有人数限制的人民陪审员制度大大提高了参与的实效性。因此审中阶段的司法公开，是彰显司法公正的最好举措。在过去的庭审中，比如"郑筱萸案"，媒体都被拒于门外，理由是"本案影响大，较为敏感"。而"薄熙来案"则恰恰因为相同的理由实行开庭微博直播，最大限度地满足了公众的知情权。由"薄熙来案"微博直播的过程以及随后最高人民法院精神要求可以看出，庭审微博直播的主体是法院，而不是媒体和诉讼参与人及旁听者，可见在我国刚刚开始推广的微博庭审直播尚处于起步阶段。

英国是较早确立自媒体庭审直播规则的国家。2011年，英格兰及威尔士的首席大法官签发了《关于实时文字报道庭审情况的正式指导意见》。该意见指出，记者和法律评论员由于受过良好的训练，一般不会超出司法报道的范围，不会对正常的司法活动造成干扰，故记者和法律评论员无须申请即可直接对庭审进行实时报道。普通民众则需要通过向法院提出正式的书面申请或非正式的口头申请，在得到法官的批准后方可使用社交媒体进行实时文字报道。同时，考虑到在个案中，实时文字报道可能会对案件的证人、陪审员产生不良影响，并且过多的移动电子设备的使用会干扰法庭自身的设备使用，干扰正常法庭秩序，因此法院有权限制社交媒体对移动电子设备的使用，并可随时撤销许可证。在美国，受联邦最高法院"不允许在法庭使用任何形式的电子媒体"的规定的影响，美国法院一直未对自媒体庭审直播做出明确的规定，但在个案中，法官有决定自媒体是否可以进入庭审的自由裁量权。比如，2009年爱荷华州法官麦克·班尼特允许一名报社记者通过博客报道一起税务欺诈案的审判。[1] 国外的立法实践表明，"保持开放的态度，权衡利弊"是应对当下自媒体发展趋势之猛的权宜之计。因此，确立自媒体庭审直播的规则，保持开放的态度，利用疏导的办法引导自媒体对司法活动进行合理报道，才能够平衡司法与自媒体的关系。

---

[1] 高一飞、祝继萍：《自媒体直播庭审的规则》，《电子政务》2014年第6期。

首先，确立庭审直播的规则。2009年12月，最高人民法院颁布实施的《最高人民法院关于司法公开的六项规定》规定，因审判场所等客观原因所限，人民法院可以通过发放旁听证或者通过庭审视频、直播录播等方式满足公众和媒体了解庭审实况的需要。2010年，最高人民法院发布了《关于人民法院直播录播庭审活动的规定》，专门对庭审直播问题进行了详细的规定。其中第一条规定："人民法院通过电视、互联网或者其他公共传媒系统对公开开庭审理案件的庭审过程进行图文、音频、视频的直播、录播，应当遵循依法、真实、规范的原则。"同时第五条规定："庭审直播、录播实行一案一审核制度。人民法院进行网络庭审直播、录播的，由审判庭向本院有关部门提出申请。有关部门审核后，报主管副院长批准。必要时，报上级人民法院审核。"由此可见，此时我国的庭审直播只限于公共传媒系统，其启动程序掌握在法官手中。2012年最高人民法院颁布了《最高人民法院关于使用〈中华人民共和国刑事诉讼法〉的解释》（以下简称《解释》），首次对自媒体直播庭审进行了规定。该《解释》第二百四十九条规定，法庭审理过程中，诉讼参与人、旁听人"不得对庭审活动进行录音、录像、摄影，或者通过发送邮件、博客、微博客等方式传播庭审情况，但经人民法院许可的新闻记者除外"；第二百五十条规定："未经许可录音、录像、摄影或者通过邮件、博客、微博客等方式传播庭审情况的，可以暂扣存储介质或者相关设备。"可见，原则上我国对自媒体参与庭审直播持否定态度。但是，从该规定可以看出，新闻记者在经人民法院许可之后可以采用自媒体方式传播庭审。的确，自媒体的随意性等特点，并不十分适合严肃的法庭，因此必然受到限制。结合我国现有的规定，庭审直播应建立在司法公开原则基础上，通过立法或司法解释，明确庭审直播的范围、审核程序以及技术规范。可以借鉴外国的做法，在现有司法实践的基础上，通过扩大直播主体、确定直播范围、开通公众参与渠道等方式更进一步推进司法公开。对自媒体来说，其参与和旁听庭审过程是公民监督权、知情权的行使，除非特殊情况不予公开的案例，要秉着信息真实的传播理念，提升自身法律素养，尊重事实，保障报道的自由公正和公民权利的实现。

自媒体庭审直播的主体。对自媒体个体账户来说，其一，法官不应在庭审过程中通过自媒体传播庭审。在庭审过程中，法官是庭审的主导者，负责诉讼的正常进行，其主要职责是维护法庭秩序，保障诉讼的顺利进行，做出公正的判决。如果法官在案件审理过程中发微博、写博客等，必然会给人以不严肃的感觉，也会使人对司法的公正性产生怀疑，因此法官在庭审中的主要职责是审理案件，而非通过自媒体传播庭审。其二，律师在庭审过程中不应通过自媒体进行直播。律师受当事人委托，应努力维护当事人的利益，在庭审过程中，尤其是在庭审质辩过程中需要应对各种情况，对庭审变化做出反应并及时调整庭审策略。其三，当事人。当事人是与案件关系最为密切的人，也是对庭审最为关注的人，因此也不应直接参与庭审直播。律师和当事人往往是为了某种利益而走上法庭，代表的是某一方的利益，其立场往往以自身利益为主，难免有失公允。因此，相对来说，"微博直播庭审的事，法官律师都别参与，还是交给媒体吧！经法院准许，记者和自由撰稿的法律评论人员凭借自己的专业素养，通过微博对案件情况进行公正客观的报道更为合适"[1]。其四，其他群体，包括新闻记者和普通公众。新闻记者在经过法院允许的情况下可以通过自媒体直播庭审毋庸置疑，尽管新闻记者并不拥有通过自媒体直播庭审的当然权利。但目前我国立法并未将旁听者列入自媒体直播庭审的主体范围。职业记者在现有法律规定之下尚不能直接参与庭审直播，那么，作为普通公众，其职业素养可能比记者更低，因此更没有理由直接参与庭审直播。

对于机构自媒体来说，法院可以建立一套内部自媒体直播庭审系统，实时准确地报道庭审。法院内部可以通过成立专门的自媒体直播庭审小组，专门负责管理本院有关案件的庭审直播。2009年颁布实施的《最高人民法院关于司法公开的六项规定》规定："因审判场所等客观因素所限，人民法院可以发放旁听证或者通过庭审视频、直播录播等方式满足公众和媒体了解庭审实况的需要。"2010年《最高人民法院关于人民法院直播录播庭审活动的规定》对庭审直播问题做了详细规定。2013年《最高人民法院关于推进司法公开三大平台建设的若干意见》规定："人民法院

---

[1] 慕鹤:《法官认真审案，律师专心辩护 微博直播庭审，交给媒体》,《南方周末》2013年3月15日，第4版。

应当积极创新庭审公开的方式,以视频、音频、图文、微博等方式适时公开庭审过程。"2016年4月14日,最高人民法院发布《中华人民共和国人民法院法庭规则》,增加了第十条、第十一条。第十条规定:"人民法院应当对庭审活动进行全程录像或录音。"第十一条规定:"依法公开进行的庭审活动,具有下列情形之一的,人民法院可以通过电视、互联网或其他公共媒体进行图文、音频、视频直播或录播:(一)公众关注度较高;(二)社会影响较大;(三)法治宣传教育意义较强。"在政策规定和新技术发展的双重驱动之下,庭审公开的范围和幅度越来越大。据中国庭审公开网上数据,2014年全国法院直播案件8万件,2015年为13万件,增幅高达62.5%。这些数字,在全世界都是惊人的。2012年10月9日,海南省临高县人民法院就通过官方微博直播了一宗刑事案件的庭审经过,为加强微博管理,该院还专门成立了一个5人的微博团队,进行微博的发布和管理。[1]2015年11月陕西省三级法院共同开展的"陕西院长开庭月",共有50位院长参与,通过社交媒体视频直播案件55场、新闻发布会1场,视频浏览量共计近194万人次,互动转发5993次,评论6403条。有网友在观看庭审直播后评论道:"院长开庭办案让人心服口服,我得为院长们点个赞!"还有网友说:"够公开,够公正,赞一个!"实践证明,庭审视频直播能有效驱散一直笼罩着司法的不信任疑云。[2]通过社交媒体进行庭审直播自2014年兴起后发展迅速,因为可以随时观看和回顾,而被称为"即视正义"。2015年2月27日,中国法院手机电视App正式开通上线,四个月后用户就超过50万人。2016年全国两会期间,最高人民法院院长周强在法院工作报告中明确提出了"继续深化司法公开,加快建设智慧法院"的工作新要求。加强数据的智能化应用,深化司法公开必将打开新的空间。2016年年中以来,在最高人民法院党组的部署推动下,最高人民法院所有公开审理案件原则上一律在中国法院庭审直播网、最高人民法院官方社交媒体等平台同步进行网络视频直播。从2016年7月初到8月底,短短两个月时间,最高人民法院已实现

---

[1] 杨隽莹:《临高法院:试水庭审"微直播"》,《海南人大》2012年第11期。
[2] 支振锋:《庭审网络直播塑造司法公开中国高度》,《人民法治》2016年第11期。

庭审直播 80 件次，累计直播观看量超过 3000 万人次。而庭审网络直播也将成为我国继裁判文书公开、审判流程公开、执行信息公开之后，人民法院着力打造的第四大公开平台，为我国人民法院的司法公开事业带来更加令人期待的前景。但是，各地法院在网络庭审直播平台的建设上，在观念、制度设计、技术创新，以及对当事人隐私保护等方面仍然存在一些缺陷，使网络直播庭审效果打了折扣。[1] 加强该领域的探讨和研究，仍然是推进庭审直播、促进庭审公开的重要课题。

其次，确立犯罪现场报道的规则。传统传播理论认为，现场报道是指记者在新闻现场边采录音响（画面）边进行采访、解说的报道形式，包括直播和录播两种方式。现场报道就是主持人在新闻事件现场手持话筒将新闻的发生、发展向观众做口头叙述，同时通过镜头展示现场动态和环境。但是，自媒体不需要很多专业设备，一部手机在手，时时都可直播，处处都是现场。犯罪现场是犯罪分子实施犯罪活动的地点和遗留有与犯罪有关的痕迹和物证的一切场所。犯罪现场包含两部分，一是警方控制下的已经发生的或正在发生犯罪的现场，二是警方尚未控制的潜在的犯罪现场。无论是哪种现场，都对案件的定性有至关重要的影响，自媒体应遵循犯罪现场报道不妨害侦查、不得侵犯个人隐私、不得损害公正审判的原则。[2]

（三）审后阶段：司法文书公开与自媒体善意参与

审后阶段属于审判活动的完结阶段。一个案件审理完结，审判结果应该固定，这是树立司法权威的方式之一。对于司法机关来说，应当将案件审理过程以及裁判结果公布于众，如美国最高法院庭审之后，就会在官方网站上公布法庭辩论全文，宣判后还会公布所有判决意见，公众也可到档案馆复制、查阅案卷档案信息，也可通过网络下载案件档案的电子版。而在我国，目前还广泛存在判决书选择性上网的现象。2014 年 1 月 1 日《最高人民法院关于人民法院在互联网公布裁判文书的规定》正式生效，而《中

---

[1] 支振锋：《庭审网络直播塑造司法公开中国高度》，《人民法治》2016 年第 11 期。

[2] 高一飞、曾静：《犯罪现场新闻报道及其限度》，《法律适用》2015 年第 12 期。

国司法裁判文书上网公开报告》显示，2014年文书上传比例为70.53%，2015年文书上传比例为29.47%，明显呈下降趋势，尤其是社会热点案件公布文书情况并不理想，且上传不及时、上传后撤回的现象部分存在。[1]裁判文书是案件审理的最终结果，是检验司法公正的试金石，我国应该借鉴国外的经验，健全审判信息的发布机制。

首先，司法文书通过网络公开。司法文书公开是司法公开的重要内容，应严格按照《最高人民法院关于人民法院在互联网公布裁判文书的规定》的要求，除依法不宜公开的裁判文书，一律在判决生效起七日内在互联网公布。审后公开还包括审务的公开，即除了公开司法判决外，还应公开与审判有关的其他案卷、材料，便于公众及时了解审判信息，这也是彰显司法公正、司法权威，提升司法公信力的一个方面。数据显示，截至2016年6月27日，全国法院在中国裁判文书网公开裁判文书1860万余篇，其中最高人民法院公开裁判文书14100篇。中国裁判文书网目前已经建设成为全球最大的裁判文书网。[2]但是，据中国社科院发布的《中国司法透明度指数报告（2018）》，中国裁判文书网虽然已经实现了根据案由、案号、当事人、案件类型、审判人员、律师、法律依据和全文等事项进行高级检索的功能，但还不够人性化，存在检索人为设置障碍等问题，网站建设的不足导致裁判文书网的强大数据库和功能无法充分发挥作用。这种不足主要体现在：一是裁判文书公开细节仍需完善，二是网站友好性有待进一步提升，三是执行公开仍有提升空间，四是司法改革信息公开步履维艰，五是各地法院公开水平参差不齐。[3]因此，应健全完善司法公开制度机制体系，优化司法公开平台载体，大幅提升司法公开精细化、规范化、信息化水平，尽快出台司法公开标准，加快信息公开平台建设，通过信息化手段拓展司

---

[1] 马超、于晓红、何海波：《大数据分析：中国司法裁判文书上网公开报告》，《中国法律评论》2016年第4期。

[2] 马超、于晓红、何海波：《大数据分析：中国司法裁判文书上网公开报告》，《中国法律评论》2016年第4期。

[3] 法治广东研究中心：《社科院发布司法透明度指数：文书公开不足，网站检索人为设置障碍》，http://www.gddx.gov.cn/fzgdyjzx/146285/325377/index.html，访问时间：2019年10月10日。

法公开渠道。

其次，做好司法民意的回应。其一，应通过举办新闻发布会、召开记者会、利用法院公报等方式，对公众关注度较高的案件进行信息发布，对公众持续关注的案件进行答疑，引导自媒体舆论的走向，形成相应的正向舆论氛围。如2015年12月宣威市人民法院举办国家宪法日集中宣传暨典型案例新闻发布会。发布会由宣威市法院党组成员、政治处主任主持，邀请了《云南法制报》《都市时报》《云南经济日报》等报纸和电台及部分群众参加，对典型案例从认定事实、裁判结果和典型意义等方面进行发布，扩大了典型案例的教育警示意义。在现场发布的同时，还首次采用官方微博直播的方式进行新闻发布，收到良好效果。[1] 其二，充分利用自媒体的传播效应，开通司法系统的自媒体公众号，由专人管理、专人负责，做到定期更新，严谨用语，把握分寸，及时发布审判信息，增强司法系统自媒体平台的权威性；或开通法官个人自媒体账号，利用法官的专业知识和个人威信搭建与公众沟通的桥梁。如果公众对审判结果有疑虑，自媒体应该本着善意参与的心态，与司法部门沟通。如果审判确实存在瑕疵或错误，则可督促相关法官依照法院的案件纠错程序进行自我更正，而不是恶意炒作，用非专业眼光看待审判活动。2014年7月27日，河南省高级人民法院豫法阳光"三微一体便民互动"平台上线。"三微一体"是指"微博、微信、微视"自媒体，是基于移动互联网时代产生的信息传播手段和载体。"三微一体"的开通，就是借助新技术达到司法公开、司法便民、司法利民的目的，是加强民意沟通，构建司法与民意良性关系的重大举措。截至2019年4月27日，豫法阳光（新浪网上经过微博认证的河南省高级人民法院官方微博）的粉丝数量已达4945753人（最高人民法院的新浪微博粉丝数量为17335286人），发送微博47407条。利用微博自媒体的评论、回复、转发等功能，促进民意与司法的交流与回应。

最后，对自媒体司法失范报道的规制。自媒体对司法案件的报道失范现象主要表现在法律意识淡薄、全民娱乐狂欢、失实报道泛滥等方面。如

---

[1]《宣威法院首次采用"微直播"进行典型案例新闻发布》，http://news.xwzc.net/xwyw/2042.html，访问时间：2019年10月10日。

发生在 2013 年的"李某某案",就是在微博的推波助澜之下,历经一波三折,历时 9 个月二审才最终宣判。在这个过程中,"李某某"与"星二代""富二代""轮奸""教子无方"等词语一起充斥于网络,对司法审判造成严重影响。该案带来的影响是巨大的,截至 2013 年 10 月 5 日案件一审结束一周后,百度贴吧"李某某吧"累计发帖数量已达 505616 篇,同一天,在新浪微博中输入"李某某"全名,得到的搜索结果为 11160625 条,[1] 自媒体对该案的推动作用和其对公众舆情的引导能力以及造成的恶劣影响可见一斑。对自媒体司法报道失范言论,除了上述立法上的限制和新闻传媒职业道德准则约束外,还应有一些行政执法上的限制规则。如自 2015 年 1 月"网络敲诈和有偿删帖"专项整治工作以来,北京市通信管理局已经关闭了多家网站,清理了负面新闻信息,关闭了一些违法账号;[2] 针对自媒体账号乱象问题,国家网信办 2018 年 11 月查处了 9800 多个自媒体账号,腾讯、新浪被约谈。[3] 这种做法虽然存在争议,但在前期规则和自律无法约束自媒体的时候,事后的控制则必不可少。2017 年新版的《互联网新闻信息服务管理规定》及《互联网新闻信息服务许可管理实施细则》将各类新闻媒体纳入管理范围,2017 年 6 月施行的《中华人民共和国网络安全法》指出,保障网络安全,维护网络空间主权和国家安全、社会公共利益,不得发布不良信息,不得侵犯他人权益等。2017 年 10 月实施《互联网用户公众账号信息服务管理规定》对自媒体人提出了具体的要求:"互联网用户公众账号信息服务提供者和使用者,应当坚持正确导向,弘扬社会主义核心价值观,培育积极健康的网络文化,维护良好网络生态。""互联网用户公众账号信息服务使用者应当履行信息发布和运营安全管理责任,遵守新闻信息管理、知识产权保护、网络安全保护等法律法规和国家有关规定,维护网络传播秩序。""互联网用户公众账号信息服务使用者不得通过公众账号发

---

[1] 谢鹏鹏:《自媒体时代刑案报道的媒介失范与反思——以李某某强奸案为例》,《上海政法学院学报》(法治论丛) 2014 年第 2 期。

[2] 《北京依法打击网络敲诈和有偿删帖 上半年关闭 84 家网站》,http://www.cac.gov.cn/2015-07/14/c-1115923627.htm,访问时间:2019 年 10 月 10 日。

[3] 《国家网信办"亮剑"自媒体乱象:已依法处置 9800 多个自媒体账号》,http://www.suho.com/a/274866032_250147,访问时间:2019 年 10 月 11 日。

布法律法规和国家有关规定禁止的信息内容。"这是比较详细的网络自媒体的使用者和管理方的主体责任,对公众账号的生产和传播的整个环节进行了规范。

第七章　自媒体言论的行业自律

　　自媒体意见表达一定程度上让公众的话语权的实效性有所提高，但如前文所述也一定程度走向了异化，这是"权力"的秉性所致。在表达权不断发展并得到充分保障的同时，19世纪西方发达国家便因新闻自由滥用现象而提出了新闻自律，即对新闻从业者的道德素养要求。与法律的强制性规范不同，自律是一种软性的社会规范，强调参与者主观意识上的认同和遵循，英国媒介法一直奉行的"以自律换自由"理念便是强调这种自律的作用。自律实际上与私法上的契约理念不谋而合，即"在社会成员之间建立一种契约制度，以统一的社会规则对人们的行为边界和行为方式加以界定、规范，使任何人的活动不能危害社会公共秩序，不能妨碍他人的自由发展"[1]，其内含的自治理念对网络规制的重要性不言而喻。这是传统新闻自律的概念。传统的媒介自律条约约束的是媒介——媒介组织及其新闻从业者，是从职业规范的角度出发的一种行业约束。而自媒体的发展，让人人都成为媒介，要用自律条约来约束如此海量的网络参与者以达到网络规制的目的，其难度大大提高，因此自律机制的设计应考虑广泛而海量的网民，要发挥公众参与的作用。正如习近平总书记在2016年网络安全和信息化工作座谈会上所言："网络安全是共同的而不是孤立的。网络安全为人民，网络安全靠人民，维护网络安全是全社会共同责任，需要政府、企业、社会组织、广大网民共同参与，共筑网络安全防线。"因此，在网络空间这个人们生活须臾不能脱离的重要场域，应本着私域自治、契约精神设计从网民到网络运营商再到行业规范的金字塔式自律机制，层层防范以建立共同遵守的公共规范，促进网络空间的和谐和自由发展。

---

[1] 徐应红：《论社会公德的二元价值与敬畏重塑》，《经济研究导刊》2011年第5期。

一、建立网民自律约束机制——第一道防线

《中华人民共和国网络安全法》第九条规定了网络运营者开展经营活动，除了遵守法律法规、商业道德和社会公德之外，还必须接受政府和社会的监督并承担社会责任；第十四条规定，任何组织和个人发现有危害网络安全的行为，有举报权。这表明，网络空间的治理模式已经从政府监管转向政府和网络运营者以及社会公众协同治理，这是治理理念的转变。广大网民参与网络治理，可起到事半功倍的效果。因为自媒体传播让公民人人享有"麦克风"，成为集信息发布者、受众、评论者乃至自我信息管理者的多重身份集合体，同时也处于整个网络社会的最底层，是接受和提供网络海量信息的第一关。因此，处于自媒体自律金字塔最底端的网民就成了建立自媒体自律约束机制、构筑自媒体规制的第一道防线。而在这个广大的自律金字塔底层，由于公民的身份不同，其承担的自律约束责任也有所差异。

（一）普通网民的道德自律

普通网民处于自媒体自律的最底层，若其媒介素养提高，道德意识增强，便能做到不盲从、不跟风，做到自我言论的规范管理，这是规制自媒体言论的第一步。《中国互联网行业自律公约》（中国互联网协会2004年6月18日发布）第九条规定："互联网信息服务者应自觉遵守国家有关互联网信息服务管理的规定，自觉履行互联网信息服务的自律义务：（一）不制作、发布或传播危害国家安全、危害社会稳定、违反法律法规以及迷信、淫秽等有害信息，依法对用户在本网站上发布的信息进行监督，及时清除有害信息；（二）不链接含有有害信息的网站，确保网络信息内容的合法、健康；(三）制作、发布或传播网络信息，要遵守有关保护知识产权的法律、法规；（四）引导广大用户文明使用网络，增强网络道德意识，自觉抵制有害信息的传播。"此时，移动互联网还没有充分发展，该公约大部分内容是对互联网上信息服务提供者的道德约束。但是该公约所规定的自律义务对普通网民同样适用。自2012年微信公众平台上线以来，腾讯对自媒体给予

了大量扶持，并成立了自媒体公约宣言组织，共同打造良好的规范的自媒体生态。2013年12月28日中国首份《自媒体联盟自律公约》发布，要求联盟内成员恪守自媒体职业道德，坚持传播真实性、客观性、公益性内容，遵守社会道德规范，自觉抵制低俗之风等。该《自媒体联盟自律公约》内容如下：

　　1. 联盟内成员要有强烈的"底线"意识，坚持遵守有关部门提出的网络空间"七条底线"，勇担社会责任，共同维护良好的互联网舆论秩序；

　　2. 联盟内成员要恪守自媒体职业道德，坚持传播的真实性、客观性、公益性，杜绝虚假内容、侵权内容和虚假广告，净化手机屏幕；

　　3. 遵守社会道德规范，自觉抵制网络低俗之风，不进行色情、暴力等领域的非法信息制作和传播；

　　4. 倡议所有自媒体人和自媒体联盟和谐相处、相互监督、互助共进，共同推进自媒体业的高速健康发展；

　　5. 本公约自即日起施行，请互联网业界同仁予以监督。联盟内成员自觉接受业界监督和建议，如有发现相关问题，一经核实，我们将严肃处理。[1]

　　随着自媒体在文化传播领域日渐成为信息流动的主要力量，也随着自媒体所爆发的各种潜在的问题和风险，一些有社会责任感和风险意识的自媒体人便发动和组织业内形成自媒体联盟，订立自媒体公约，约束联盟内成员，通过自身的努力促进中国媒体行业的健康发展。但普通公民素质的提高并非易事，就像这种不良状况的形成也并非"一日之寒"一样。要提升公民的媒介素养，需要从以下几个方面入手。首先，树立社会主义核心价值观。党的十八大以来，党中央逐渐意识到网络作为社会主义核心价值观培育的场域的重要性，要抓住网络这个便捷、快速的传播渠道，扎实有

---

[1]《中国首份〈自媒体联盟自律公约〉在京发布》，https://www.sootoo.com/content/471902.shtml。

效推进社会主义核心价值观的宣传和教育。其次，培养法治思维和提升法治意识。法治思维和法治意识也是公民理性精神培育的一个重要方面，网络上的围观、起哄、恶搞、对生命的漠视等都起源于公民理性精神的欠缺，网络上的"人肉搜索"等网络暴力无不显示了网民的法律意识的缺乏。法治思维与意识的培育并非易事，需要国家、社会、公民各方的共同努力。最后，培育道德素养。道德素养是个人的道德水平和道德境界，是一个人自觉地将社会一定的道德要求转化为个人道德品质的内在过程。网络的虚拟性和隐蔽性使网民的道德意识不断弱化，网络上经常发生打着道德的旗号对他人进行肆无忌惮地批评甚至辱骂的行为。因此，要强化普通公民的媒介自律意识，加强上述自律公约的内容宣传，真正做到遵守国家有关法律、法规和规定，合法合规发布内容；坚守网络空间"七条底线"，不造谣、不传谣、不信谣，不传播虚假信息。

（二）不同从业者的职业自律

如前所述，拥有自媒体账号的不仅仅是普通网民，还有不同领域的从业者。长久以来，我国就比较重视职业道德教育，职业道德教育是公民执业的第一课。各行各业都有自己行业的职业道德规范。网络空间中的网民除了普通公民应该遵守的道德自律外，因其职业身份的不同还应该遵守相应的行业道德。比如，新闻工作者有着双重身份，一方面他们作为职业媒体人，其言论有关涉公共话题的条件和便利；另一方面作为普通公民，他们也有发布私人信息的愿望。近些年经常发生新闻从业者的伦理失范而引发的案件，如2013年的陈永洲及《新快报》事件。同时，新闻从业者的"公""私"言论界限与适用规制也是一个亟待规制的问题，如2012年4月央视主播赵普关于食品安全的微博和同年5月杨锐关于国家安全的微博，都引起了社会的极大关注。对于新闻从业者，其作为职业者的一面要从新闻法律、新闻体制以及新闻伦理等领域进行规制，谨防其披着"媒体权力"的外衣而行欺诈和勒索之实，同时要区分其"职业言论"和"私人言论"的界限；对于其普通公民的一面，则应跟普通公民一样作为最底层防线的一员，从人文素养、理性意识、道德培养等方面进行自我约束。从2013年开始，全国各地陆续设立了新闻道德委员会，这是对新闻领域完善监督方式、净化新闻传播环境做出的积极努力。

再如，由于律师职业的特殊性，以及公众对所涉案件的关注，很多律师由此进入公众视野，其言论也广受关注。律师在执业活动中掌握大量庭审信息以及当事人的个人信息，其对于不公开审理的案件，或在未征得当事人同意的情况下公开信息，而造成侵权的事件时有发生。如"李某某案"中部分律师受到北京市律师协会的调查处理，便是因为该案中被告人之一的律师在其微博中公开非公开审理的庭审信息以及委托人的私人信息。职业身份具有标签作用，公众往往会通过这种标签来识别其言论的真伪和可信度，对于不具有专业知识和理性分析能力的大部分网民来说，相关从业者的言论具有一定的引导作用，尤其是拥有一定粉丝数量的网络"大V"（网络中的"大V"往往就是某一个专业领域的公众人物）。互联网中的广大用户，除了职业特征比较明显的记者、律师群体之外，大部分都有自己的职业，每种职业都有自己的职业规范。这些职业规范都是这个领域的职业群体所认同并遵从的普遍规则，不仅含有本职业领域的特殊规范，如医生的"救死扶伤"、教师的"教书育人"等，也含有一些社会共同规范，如"修身""守法"等。因此，加强职业道德教育，规范网络中的职业群体，不仅能对这部分群体起到约束作用，还会对其他网民产生示范引导作用。

二、建立网络运营者自律机制——第二道防线

2016年11月通过的网络安全法改变了过去对网络运营者规制不周全的现状，对网络运营者的法律责任和义务做出了明确的规定，如网络运营者开展经营和服务活动要接受社会监督，任何组织和个人发现危害网络安全的行为可以举报，对网络运营者违法使用其个人信息的有权要求删除，网络运营者应该建立举报制度等相关制度受理举报等。网络安全法规定，网络运营者是网络所有者、管理者和服务提供者，关涉言论自由领域，主要指各种网站、论坛等社区。这些社区一般都制定了自己的规则公约，如《新浪微博社区公约》《新浪微博社区管理规定》《新浪微博社区委员会制度》等。社区规则是指在网站、论坛等社区里，为规范该虚拟社会各种行为（主要是言论自由方面），社区管理者根据本国法律法规制定的行为规范。这些社

区规则对于规范自媒体起到了重要作用，一定程度上弥补了法律的空白。[1]虽然这些社区自律规则还存在一些争议，但在整体上是对行业自律的一种推动和有益探索。网络言论虽然具有即时性、自主性等特点，但微博、论坛等社区是部分自媒体言论的主要场域，也是言论聚散和转发的主要场域，因此，引导网络运营者完善相关自律机制，建立网络空间规范的第二道防线，是网络空间自治的关键一步。

（一）进一步完善社区章程或规则

一般网站都有自己的规章制度，包括章程、管理条例、社区规则等。这些规章制度一般都从宏观角度规定了进入社区或成为社区成员所必须遵守的规则，如禁止违法、破坏公共道德的行为，以及违反这些规定应受到的如删帖、禁言、封号等处罚措施。对于信息方面的规定一般有：对于违反社区管理规定的文字、图片等，管理员有权直接删改；对于违反社区管理规定的用户，管理员有权删除其所发表内容并对该用户采取警告、禁言，甚至取消用户会员资格等处罚措施；管理员应将所封账号在"社区公告区"进行公示，公示内容一般应包括封禁理由、解封时间等。如北大未名BBS论坛规定了自己的"封锁标准"：凡在该社区发表有违该标准的言论，"斑竹"有权对这些言论给予限制。又如天涯社区发布的《天涯社区公约》用专章来规制言论。《天涯社区公约》第十三条规定：

> 会员在社区的言论（包括但不限于文字、图片、音频、视频，下同）不得违反国家的法律法规。根据《互联网新闻信息服务管理规定》，会员的言论不得含有下列内容：
> （一）违反宪法确定的基本原则的；
> （二）危害国家安全，泄露国家秘密，颠覆国家政权，破坏国家统一的；
> （三）损害国家荣誉和利益的；

---

[1] 张升阳：《论网络言论侵权行为的司法认定》，硕士学位论文，南京师范大学法学院，2017。

（四）煽动民族仇恨、民族歧视，破坏民族团结的；

（五）破坏国家宗教政策，宣扬邪教和封建迷信的；

（六）散布谣言，扰乱社会秩序，破坏社会稳定的；

（七）散布淫秽、色情、赌博、暴力、恐怖或者教唆犯罪的；

（八）侮辱或者诽谤他人，侵害他人合法权益的；

（九）煽动非法集会、结社、游行、示威、聚众扰乱社会秩序的；

（十）以非法民间组织名义活动的；

（十一）含有法律、法规、规章、地方规范性文件、国家政策、政府通知、公序良俗等禁止的内容；

（十二）本社区认为不利于社区生态、可能给社区造成损失的内容。[1]

上述《天涯社区公约》对言论范围的限制已经很明确，且趋向严于相关法律法规的规定。除了会员必须遵守的社区公约外，每个版块也有其言论规则，如《天涯社区公约》第十四条规定："会员的言论应符合社会规则以及所在分区和版的规则。会员发言前应了解所在版的讨论主题和相关规定，不发表与版规不符的言论，不在他人的帖子内发表与主贴内容无关的言论。"可见，除了公约外，每个版块还有自己的版规，会员除了遵守《天涯社区公约》外还应该遵守相应的版规。这些规则都公开于网站，并在网民注册成为会员时有接受或拒绝的提示，以起到提醒的作用。网络运营商应结合网络安全法的相关规定，进一步完善本社区规则，发挥社区宏观指导作用。

（二）建立社区信息管理制度

网络安全法第四十条规定："网络运营者应当对其收集的用户信息严格保密，并建立健全用户信息保护制度。"网络运营者应该根据该规定，进一步完善其社区信息管理规则。首先，制定并公布网站信息使用规则。[2]网站是信息传播的中间节点，对信息的接收和传递起着重要作用，因此，

---

[1]《天涯社区公约》，http://service.tianya.cn/guize/gongyue.do?classtype=3。

[2] 吴晓灵：《大数据应用：不能以牺牲个人数据财产权为代价》，《中国人大》2016年第14期。

网站应建立信息的收集、使用规则,以及信息可能毁损的补救措施,明确收集信息的目的、方式和范围,并公布于网站,严防有偿删帖,做到严格自律。其次,建立不良信息审查制度。不良信息能够在网络上传播,网络运营者作为信息传输的中间环节,有不可推卸的责任。网络安全法虽然规定了网络运营者有主动分辨有害信息的义务,但如何分辨信息是否涉及隐私、是否含有诽谤侮辱,即网络运营者应该如何鉴别信息是否有害,还需要网络运营者进一步对该规定进行细化,建立不良信息鉴别和审查机制。最后,建立个人申请和举报受理制度。要求网站对海量信息进行是否侵权的自我识别,难度犹如大海捞针,因此网络安全法规定了网络侵权信息除了网站的自我审查外,公民对侵犯其个人权益的信息有权向网站提出申请;网络安全法同时规定任何个人和组织对网络不良信息享有监督权和适时向网络运营者举报的权利。因此,网络运营者应当建立个人信息申请受理制度以及受理举报制度,对当事人申请或举报应该提交的材料、受理的日期、受理反馈信息等,都应公示在网络运营者的社区规制或站规之中。

(三)建立社区内部安全管理制度

网络安全法第二十一条规定,网络运营者应根据网络安全等级建立安全管理制度和操作规程,确定网络安全负责人,落实网络安全保护责任;采取防范计算机病毒和黑客攻击的危害网络安全行为的技术措施;建立网络安全事件的应急预案,及时处理系统漏洞等安全风险,在发生网络安全事件时,立即启动安全预案,规避信息泄露可能带来的风险。

三、建立行业组织管理机制——第三道防线

传统的行业自律条约在确立行业规范、控制新闻信息、在行业内形成良好的氛围、约束新闻工作者等方面起着重要作用,如1991年出台,并于1994年、1997年、2009年和2019年分别进行修订的《中国新闻工作者职业道德准则》,从宏观上规定了新闻从业者的职业准则。虽然自媒体有着不同于传统媒介的典型特点,但传统行业自律机制也是自媒体行业自律可资借鉴的经验。网络安全法第二十九条规定:"有关行业组织建立健全本行业

的网络安全保护规范和协作机制，加强对网络安全风险的分析评估，定期向会员进行风险警示，支持、协助会员应对网络安全风险。"因此，应该结合法律，在借鉴传统媒体行业自律的基础上，健全和完善自媒体行业自律机制。

（一）建立行业自律机构

1874 年，世界上最早的新闻自律组织——舆论俱乐部在瑞典成立。舆论俱乐部负责制定全行业的职业守则，对新闻领域的健康发展起着规范作用；随后瑞典又成立了新闻委员会，新闻委员会制定了全面的新闻道德规范体系。[1] 我国新闻行业自律机构产生较晚，对于自媒体行业进行规范更是近几年的事。2003 年 12 月，中国互联网协会互联网新闻信息服务工作委员会成立，多家媒体共同签署了《互联网新闻信息服务自律公约》，坚决抵制有害信息；2004 年 10 月 26 日，北京网络媒体协会成立，作为我国网络媒体协会的第一家地方性行业自律组织，其率先在网络媒介自律机制的建设模式上做出了积极的探索和创新；2006 年，北京网络新闻信息评议会成立，对北京网络媒体行业开展新闻信息服务的情况实施社会公众评议，这是我国成立的第一个以新闻评议会命名的网络媒介评议组织。这些行业组织不断成长，在规制网络空间秩序方面起到了一定的约束作用。

（二）完善行业自律规则

行业自律规则是行业自律组织制定并颁布的在全行业具有规范和引导作用的规范性文件，一般以全国性和地方性的行业自律公约的形式体现。如中国互联网协会互联网新闻信息服务工作委员会签署的《互联网新闻信息服务自律公约》，作为全国性的行业自律公约，其在促进全行业形成良好的氛围、引导自媒体遵守职业道德、提升自媒体素养、强化自媒体监督功能、控制不良信息的传播等方面起到了规范作用；2016 年湖南首届自媒体主题分享沙龙发布了湖南首份自媒体自律公约，倡导自媒体严格自律、维护互

---

[1] 邓莹：《关于新闻媒体自律的若干思考》，《社会科学家》2005 年第 6 期。

联网生态，对地方自媒体的规范具有引导作用。[1] 未来自媒体行业自律规则还应该在以下几个方面进行完善：建立行业自律考评机制，具体可仿效北京网络媒体协会开创的网络信息评议会，来完成自媒体自律成效的评议工作；建立奖惩机制，对于优良的自媒体可以酌情给予表扬和奖励，对于违法和不良信息的发布，应查找源头，严肃处罚；建立行业自律监督机制，发挥公众监督和行业内部监督的功能，以切实起到规范作用。

四、健全政府间接管控机制——第四道防线

政府对待媒介的态度一般是通过立法来体现的，即通过立法实现对媒介的间接管控。基于对言论自由和个人权利的尊重和保护，西方国家实际上并不主张政府对媒体（或信息）进行直接监控，我国的传媒系统实际上也在逐渐走向市场化改革，即政府也在对媒体的管理上开始放手。但网络空间秩序的构建已经无可争议地成为影响一国政治文明发展的障碍性因素，因此完善相关立法，加强政府的间接管控，建立净化网络空间的最后也是最有效的一道防线，是网络空间治理的关键。

首先，政府完善相关立法，加强间接管控。我国对信息传播的规定上到宪法以及各部门法如刑法、民法，下到各部委发布的各种规章规定中，针对网络空间治理的法律规范可谓齐全。尤其是针对网络空间治理的专门立法网络安全法的颁布以及随后的施行，为网络空间的治理提供了执法依据。但法律规范的滞后性与传播技术的日新月异，导致现行立法仍有诸多不适应之处，一部大而全的能解决所有问题的法律，在立法技术上也是不可能实现的。就网络安全法来说，也有不足之处。例如网络安全法明确了"网络运营者"的概念，是指网络的所有者、管理者和网络服务提供者，但实际上这种定义并不十分明确，如网络服务提供者又可分为网络信息服务提供者和网络设备服务提供者，其中，网络设备服务提供者与本文所涉表达权关系不大，不做赘述，而网络信息服务提供者按照其运营和管理方式的

---

[1]《湖南首份自媒体自律公约发布 积极传播正能量》，https://hn.rednet.cn/c/2016/04/07/3953378.htm，访问时间：2019年10月12日。

不同又可分为内容服务提供者如新闻网站，平台服务提供者如微博、论坛，以及中介服务提供者如搜索引擎等，其责任的承担应该有所区分并加以明确，但网络安全法并未对此做出区分，希望随后出台的实施细则能进一步细化，做到事后惩罚具体到位。同时，信息传播的时间和节点不同，实际上造成的危害程度也不同，网络运营者相应的责任承担也应该有所区别，比如，对自己发布的信息应该承担全部责任；对事后审查负有义务的，对侵权行为承担连带责任；对原生的由检索而产生的信息不承担责任，但在原侵权信息被删除后一定合理期限内相关信息仍能被检索到的，负有提示义务；如果有证据证明中介服务恶意控制信息干预搜索结果的，应承担侵权责任；等等。可见，完善相关法律规范，仍然是自媒体规制长久而艰巨的任务。

其次，鼓励和推动网络行业组织及规则的建立。网络媒体行业组织属于社会组织。社会组织的建立和发展在我国目前还需要一定的政策空间，还处于不甚发达的状态，政府应该积极鼓励和推动网络媒体建立行业组织或机构，或者与行业组织合作，并帮助其完成行业规则的制定、出台等工作，使行业组织真正承担起净化网络空间的社会责任。

以上四道防线分别是基于自媒体传播个人、网络运营者、行业组织以及政府四个层面来建立信息传播的把关制度的，其中个人、社区和行业组织属于自律的范畴，是从道德自律的角度引导、约束自媒体失范行为。但我国的现实情况是，自媒体用户的素质相对较低，行业规范还没有完全建立起来，在这种背景下，政府和国家以他律强制性规范介入，发挥政府的强大监管功能必不可少。如此，自媒体用户以及网络运营者便可以在以上自律机制的约束和法律的强制规制下，实现对自我行为的管理，并产生对社会主流价值观和道德观的认同以及对法律的敬畏，从而达到净化网络空间的目的。

后　　记

　　书稿完成时，正值盛夏。而我也刚过四十，正值生命的盛夏。

　　掩上书稿，我已记不起写作的曲折和艰辛，只是像一个历经十月怀胎的母亲，端详着呱呱坠地的新生儿，眼里有无尽的欣喜和不舍。尽管他是那么稚嫩、皱巴、孱弱……

　　人生已半程，虽说是不惑之年，却碌碌无为。幼时家境贫寒，幸得父母兄姊庇护，少不更事却也无忧无虑。后来，求学、工作、再求学、再工作，一直未离开校园。一路走来，有亲朋好友相互帮扶，彼此挂怀，什么时候想起来，都觉得内心深处充满了温暖和感激。

　　2005年，我进入河南省委党校工作，成为一名学术期刊的编辑。同时，有了家，有了孩子，成为一名母亲。数十年来，我的生活始终在这两个角色中转换。作为母亲，我埋头在柴米油盐里感受着人间烟火；作为编辑，我俯身在书案前阅读众多学人的学术文章，在或艰深或显易的文字中窥探学术殿堂的奥妙。两者并行不悖，忙碌而充实。

　　马克斯·韦伯说："学术生涯是一场鲁莽的赌博。"而对于我来说，应该是在这种细密生活的簇拥下，不知不觉踏上了自己的学术探索之路。

　　2014年，自媒体概念兴起，并日益成为学者关注的话题。出于职业的敏感，我开始关注这个领域，并逐渐开始了属于自己的学习和研究。后来，以"法治视角下自媒体意见表达与法律规制研究"为题获得国家社科基金立项。整整两年，终于完成了全部论文写作，顺利结项。从那时起，又是两年过去。两年来，我时时都在感受自媒体发展的日新月异，也从来没有停止过对本书所讨论问题的关注。眼前的这部书稿，正是在这个国家社科基金结项报告的基础上，经过两年的补充、扩充、修改后完成的。

　　感谢为这部书稿的出版提供无私帮助的师长和朋友，特别感谢为这部书稿的出版付出辛勤劳动的韩琳编辑！

  对于我来说，这本书的出版，只是对一个问题的思考的暂时结束，它注定有很多缺陷和不足，我深知这是学力不逮所至。正所谓"知不足，然后能自反也；知困，然后能自强也"。在今后的学习生涯中，我会沿着这一问题持续研究下去，以期补足未竟之缺憾。

2020 年 8 月

参考文献

[1] 卓泽渊. 法治国家论 [M]. 北京：法律出版社，2003.

[2] 邓瑜. 媒介融合与表达自由 [M]. 北京：中国传媒大学出版社，2011.

[3] 周滨. "微博问政"与舆情应对 [M]. 北京：人民出版社，2012.

[4] 夏燕. 网络空间的法理研究 [M]. 北京：法律出版社，2016.

[5] 郭玉锦，王欢. 网络公共领域建构研究 [M]. 北京：北京邮电大学出版社，2015.

[6] 布鲁斯·宾伯. 信息与美国民主：技术在政治权力演化中的作用 [M]. 刘钢等，译. 北京：科学出版社，2011.

[7] 何贵忠. 版权与表达自由：法理、制度与司法 [M]. 北京：人民出版社，2011.

[8] 郭小安. 网络民主的可能及限度 [M]. 北京：中国社会科学出版社，2011.

[9] 孙平. 冲突与协调：言论自由与人格权法律问题研究 [M]. 北京：北京大学出版社，2016.

[10] 吴伟光. 网络新媒体的法律规治：自由与限制 [M]. 北京：知识产权出版社，2013.

[11] 王四新. 网络空间的表达自由 [M]. 北京：社会科学文献出版社，2007.

[12] 张军. 宪法隐私权研究 [M]. 北京：社会科学文献出版社，2007.

[13] 石国亮. 国外政府信息公开探索与借鉴 [M]. 北京：中国言实出版

社，2011.

[14] 陈绚，杨秀．新闻传播与媒介法治年度研究报告：2015[M]．北京：中国人民大学出版社，2015.

[15] 陈绚，张文祥，李彦．新闻传播与媒介法治年度研究报告：2014[M]．北京：中国人民大学出版社，2014.

[16] 展江，吴薇．开放与博弈：新媒体语境下的言论界限与司法规制[M]．北京：北京大学出版社，2013.

[17] 孙永兴．新媒体事件：机制、功能与法律规制[M]．北京：社会科学文献出版社，2013.

[18] 宫承波，刘姝，李文贤．新媒体失范与规制论[M]．北京：中国广播电视出版社，2010.

[19] 王锋．表达自由及其界限[M]．北京：社会科学文献出版社，2006.

[20] 弗雷德里克·S.希伯特，西奥多·彼得森，威尔伯·施拉姆．传媒的四种理论[M]．戴鑫，译．展江，校．北京：中国人民大学出版社，2008.

[21] 吴秋余．表达自由视野下的新闻侵权研究：以美国宪法第一修正案为参照[M]．北京：法律出版社，2013.

[22] 张金玺．美国公共诽谤法研究：言论自由与名誉权保障的冲突与平衡[M]．北京：中国人民大学出版社，2016.

[23] 申金霞．自媒体时代的公民新闻[M]．北京：中国广播电视出版社，2013.

[24] 于志刚，郭旨龙．网络刑法的逻辑与经验[M]．北京：中国法制出版社，2015.

[25] 张千帆．宪法学导论[M]．北京：法律出版社，2004.

[26] 简·梵·迪克．网络社会：新媒体的社会层面：第二版[M]．蔡静，译．北京：清华大学出版社，2014.

[27] 侯健．表达自由的法理[M]．上海：上海三联书店，2008.

[28] 劳伦斯·莱斯格．代码2.0：网络空间中的法律[M]．李旭，沈伟伟，译．北京：清华大学出版社，2009.

[29] 凯斯·桑斯坦. 网络共和国 [M]. 黄维明,译. 上海:上海人民出版社,2003.

[30] 亚历山大·米克尔约翰. 表达自由的法律限度 [M]. 侯健,译. 贵阳:贵州人民出版社,2003.

[31] 周永坤. 法理学:第2版 [M]. 北京:法律出版社,2004.

[32] 韩德强. 网络空间法律规制 [M]. 北京:人民法院出版社,2015.

[33] 傅正科,严梦思. 网络化个人主义在中国的崛起:社会网络、自我传播网络与孤独感 [M]. 杭州:浙江大学出版社,2019.

[34] 曾白凌. 国家权力与网络政治表达自由 [M]. 北京:法律出版社,2018.

[35] 郭海英. 传媒行业政府规制体制研究 [M]. 北京:中国广播影视出版社,2018.

[36] 邓新民. 自媒体:新媒体发展的最新阶段及其特点 [J]. 探索,2006（2）:134-138.

[37] 罗佳. 论自媒体时代政府话语权的危机与变革 [J]. 求实,2012（7）:52-55.

[38] 宋全成. 论自媒体的特征、挑战及其综合管制问题 [J]. 南京社会科学,2015（3）:112-120.

[39] 张明楷. 言论自由与刑事犯罪 [J]. 清华法学,2016（1）:56-74.

[40] 方兴东. 博客:互联网第四块里程碑 [N]. 电脑报,2002-10-07（A01）.

[41] 张彬. 对"自媒体"的概念界定及思考 [J]. 今传媒,2008（8）:76-77.

[42] 刑长敏. 论新媒体定义的重构 [J]. 新闻爱好者,2009（20）:8-9.

[43] 景跃进. 如何扩大舆论监督的空间——《焦点访谈》的实践与新闻改革的思考 [J]. 开放时代,2000（5）:59-68.

[44] 张卓. 浅谈自媒体如何良性循环发展:以"咪蒙"为例 [J]. 传播与版权,2019（9）:119-121.

[45] 张康之. 打破社会治理中的信息资源垄断 [J]. 行政论坛,2013（4）:1-7.

[46] 张康之,张乾友.论意见表达体系的形成与演变[J].社会科学战线,2009（10）：174-184.

[47] 邵娜.网络时代意见表达结构及其社会治理效应[J].理论月刊,2015（5）：146-151,172.

[48] 刘畅.微博问政的多元学理视角观照[J].当代传播,2012（3）：15-20,25.

[49] 邵栋豪.情绪性表达必须远离司法的殿堂[N].光明日报,2011-08-04（15）.

[50] 吴庆荣.法律上国家安全概念探析[J].中国法学,2006（4）：62-68.

[51] 邓炜辉.网络表达自由的国家保障义务：兼评"法释〔2013〕21号"对网络言论的刑罚规制[J].甘肃政法学院学报,2015（1）：123-132.

[52] 徐应红.论社会公德的二元价值与敬畏重塑[J].经济研究导刊,2011（5）：185-187.

[53] 赵秉志.薄熙来案件审理具有多种法治意义[N].法制日报,2013-09-02.

[54] 微博直播庭审引关注[N].人民日报,2013-09-23（11）.

[55] 杨立新,刘欢.自媒体自净规则保护名誉权的优势与不足[J].甘肃社会科学,2013（1）：81-85.

[56] 韩红,李晓秋.网络反腐中政府官员隐私权保护的适度边界[J].重庆邮电大学学报（社会科学版）,2016,28（2）：59-64.

[57] 肖榕.网络言论在公民基本权利平衡实现中的地位[J].法学,2012（5）：75-81.

[58] 范忠信.意见表达权能剥夺吗[J].云南大学学报（法学版）,2008,21（5）：159-160.

[59] 高一飞,蒋炼.网络实名制的发展及其规制[J].广西社会科学,2016（2）：102-108.

[60] 刘尹.论我国网络表达自由的宪法保障[J].河南广播电视大学学

报，2016，29（1）：23-26.

[61] 张千帆．刑法适用应遵循宪法的基本精神：以"寻衅滋事"的司法解释为例 [J]．法学，2015（4）：3-9.

[62] 郭春镇．公共人物理论视角下网络谣言的规制 [J]．法学研究，2014（4）：158-174.

[63] 秦前红，陈道英．网络言论自由法律界限初探：美国相关经验之述评 [J]．信息网络安全，2006（5）：58-61.

[64] 梁治平．名誉权与言论自由：宣科案中的是非与轻重 [J]．中国法学，2006（2）：146-159.

[65] 林喆．司法独立的限度与媒体监督的界限 [N]．中国改革报，2005-07-13（6）.

[66] 刘艳红．网络时代言论自由的刑法边界 [J]．中国社会科学，2016（10）：134-152.

[67] 张燕，徐继强．论网络表达自由的规制：以国家与社会治理为视角 [J]．法学论坛，2015，30（6）：78-84.

[68] 郭道晖．论表达权与言论自由 [J]．炎黄春秋，2011（1）：43-47.

[69] 路鹏程．言论自由理念演进史：言论自由、出版自由与新闻自由概念传入中国的历史考察 [J]．中国传媒报告，2009（4）.

[70] 程同顺，杨倩．当前中国的民粹主义 [J]．江苏社会科学，2016（3）：124-128.

[71] 陈明辉．言论自由条款仅保障政治言论自由吗 [J]．政治与法律，2016（7）：74-85.

[72] 湛中乐．自媒体时代公众人物言论自由与隐私权的冲突与协调：由毕福剑不雅视频事件说开去 [J]．学海，2015（4）：35-42.

[73] 杨涛．网络煽动暴力会让暴戾蔓延 [N]．中国青年报，2013-10-17（2）.

[74] 胡勇．论诽谤罪的限制适用 [D]．南昌：江西财经大学，2013.

[75] 李莹．网络言论自由研究 [D]．济南：山东大学，2008.

[76] 简海燕．媒体报道司法活动的法律限制：以美国为例 [D]．北京：

中国政法大学，2006.

[77] 朱文雁. 论英国对诽谤的法律规制 [D]. 济南：山东大学，2012.

[78] 姜红玉. 论我国网络表达自由的法律规制 [D]. 石家庄：河北师范大学，2016.

[79] Dan Gillmor. We the media[M].O'Reilly Media, Inc.，2004.

[80] R.van Der Merwe，G.van Heerden. Finding and utilizing opinion leaders：social networks and the power of relationships [J].S.Afr.J.Bus.Manage.，2009（3）：65-67.